ESPANHOL
PARA NEGÓCIOS

EDITORA
intersaberes

ESPANHOL PARA NEGÓCIOS

Teresa Vargas Sierra

EDITORA intersaberes

Rua Clara Vendramin, 58 . Mossunguê
CEP . 80420-010 . Curitiba . PR . Brasil
Fone: (041) 2103-7306
www.intersaberes.com
editora@editoraintersaberes.com.br

Conselho editorial
Dr. Ivo José Both
Dr.ª Elena Godoy
Dr. Nelson Luís Dias
Dr. Neri dos Santos
Dr. Ulf Gregor Baranow

Editora-chefe
Lindsay Azambuja

Supervisora editorial
Ariadne Nunes Wenger

Analista editorial
Ariel Martins

Capa
Roberto Querido

Projeto gráfico
Bruno Palma e Silva

Adaptação do projeto gráfico
Mayra Yoshizawa

Diagramação
Lab Prodigital

Ilustrações
Luis Alberto Kuzniewicz

Dados Internacionais de Catalogação na Publicação (CIP)
(Câmara Brasileira do Livro, SP, Brasil)

Vargas Sierra, Teresa
    Espanhol para negócios / Teresa Vargas Sierra. – Curitiba: InterSaberes, 2014.

    Bibliografia
    ISBN 978-85-8212-299-0

    1. Correspondência comercial em espanhol 2. Espanhol comercial 3. Espanhol para negócios I. Título.

12-09175   CDD-651.75

Índices para catálogo sistemático:
1. Espanhol para negócios 651.75

Foi feito o depósito legal.
1ª edição, 2014.

Informamos que é de inteira responsabilidade da autora a emissão de conceitos.

Nenhuma parte desta publicação poderá ser reproduzida por qualquer meio ou forma sem a prévia autorização da Editora InterSaberes.

A violação dos direitos autorais é crime estabelecido na Lei n. 9.610/1998 e punido pelo art. 184 do Código Penal.

ÍNDICE

Apresentação, 11

Presentación, 13

PARTE I
CONOZCA EL IDIOMA, 15

1. LA IMPORTANCIA DEL ESPAÑOL, 17

1.1 El abecedario, 23

1.2 Las sílabas, 25

1.3 Dificultades ortográficas, 27

1.4 Los signos de puntuación, 30

1.5 Las reglas de acentuación: la tilde, 36

1.6 Los artículos, 38

1.7 Los adjetivos, 40

1.8 Los números cardinales, 41

2. ADMINISTRANDO EL TIEMPO, 47

2.1 Pronombres personales, 50

2.2 El presente de indicativo, 51

2.3 El uso de: *tener que + infinitivo*, 54

2.4 Los días de la semana, 54

2.5 Los meses del año, 56

2.6 Las horas, 57

2.7 Los pronombres reflexivos, 59

2.8 Pronombres posesivos, 61

2.9 Adjetivos posesivos, 61

2.10 Adjetivos comparativos, 62

2.11 Los superlativos, 64

3. CONOCIÉNDONOS, 69

- 3.1 Los tiempos pasados, 72
- 3.2 Los números ordinales, 83
- 3.3 Adjetivos demostrativos, 85
- 3.4 Pronombres demostrativos, 86
- 3.5 Uso de la "e" en vez de "y" uso de la "u" en vez de "o", 87

4. MEDIOS DE TRANSPORTE, 91

- 4.1 Los futuros, 94
- 4.2 El condicional, 99
- 4.3 Uso del muy/mucho, 102
- 4.4 Adjetivos/pronombres indefinidos, 105

5. ¿CON QUÉ ROPA VOY?, 113

- 5.1 El subjuntivo, 117
- 5.2 Las preposiciones, 127
- 5.3 Interrogativos, 130
- 5.4 Heterosemánticos, 131

6. COMIDAS DE NEGOCIOS, 135

- 6.1 El imperativo, 138
- 6.2 Los gerundios, 144
- 6.3 La perífrasis "estar" + gerundio, 145
- 6.4 La apócope, 147
- 6.5 Los heterogenéricos, 153

PARTE II
ESPAÑOL EN LAS ORGANIZACIONES, 157

Presentación, 159

7. LA OFICINA, 161

7.1 Elementos que conforman la oficina, 164

7.2 Saludos y presentaciones, 165

7.3 Saludos y despedidas, 168

7.4 El teléfono, 170

8. ORGANIZACIÓN DE UN VIAJE, 179

8.1 La clase ejecutiva, 182

8.2 La empresa y la agencia de viajes, 183

8.3 Los documentos para viajes nacionales e internacionales, 187

8.4 El equipaje, 188

8.5 Etiqueta aérea, 190

8.6 Para salir del aeropuerto, 192

8.7 Ayudas para los informes escritos, 193

9. EL HOTEL, 197

9.1 Preguntas sobre el hotel, 200

9.2 Reservar un hotel, 200

9.3 Características de un hotel, 204

9.4 El lenguaje de textos electrónicos, 207

10. ORGANICE BUENAS REUNIONES, 217

10.1 Las reuniones, 219

10.2 El acta, 222

10.3 Reuniones virtuales: la videoconferencia, 224

10.4 Cómo preparar una exposición, 225

10.5 La agenda, 228

10.6 Se debe trabajar en equipo, 230

11. CÓMO PRESENTARSE A UN EMPLEO, 235

    11.1 Lo que más interesa, 237

    11.2 Preguntas principales, 238

    11.3 El *curriculum vitae*, 240

    11.4 La carta de presentación, 250

12. CÓMO ESCRIBIR CARTAS COMERCIALES, 255

    12.1 El texto epistolar, 257

    12.2 Carta, 258

    12.3 Clases de cartas, 263

    12.4 Lectura, 268

Referencias, 273

Claves, 277

Nota sobre la autora, 283

Especialmente dedico este libro a mi marido Cleto, mi hijo Pablo, y a mis hermanas Carmen Cecilia y Mariana que me apoyaron y enriquecieron el contenido con oportunas sugerencias.

Numerosos amigos y la experiencia con mis incontables alumnos contribuyeron para que pudiera hacer este libro.

Agradezco a Dios, al equipo de la Editora InterSaberes por su atención y dedicación y al Centro Universitário Uninter, quien me solicitó la producción del libro y me incentivó durante todo el proceso.

APRESENTAÇÃO

O mundo evoluiu, as máquinas de escrever foram substituídas pelos computadores, a dinâmica empresarial passou a exigir tarefas mais complexas. O mundo contemporâneo, que se globalizou, destacou a necessidade de um domínio cada vez maior de idiomas estrangeiros, notadamente aqueles que permeiam os negócios internacionais.

Nosso objetivo, portanto, ao oferecer este livro, é auxiliar na apreensão e no domínio do espanhol. As relações constantes com os países das três Américas fizeram desse idioma ferramenta imprescindível nos novos tempos. Como veremos, já no início do texto, uma boa parte dos habitantes dos Estados Unidos da América do Norte tem a língua de Cervantes como língua materna e uma parte ainda maior a utiliza como segunda língua. O mesmo acontece no Canadá e em outras partes do mundo.

Na primeira parte do livro, usamos os mapas conceituais para explicar alguns aspectos gramaticais da língua espanhola. Essa ferramenta, fundamentada na teoria de aprendizagem significativa, do psicólogo estadunidense David Ausubel, foram desenvolvidas por Joseph Novak, professor de Educação e Ciências Biológicas, também nascido nos Estados Unidos, na década de 1970.

Os mapas conceituais são representações gráficas que estabelecem relações significativas entre conceitos. É uma técnica que nos ajuda a sistematizar e a organizar melhor o conhecimento. Trata-se, pois, de um recurso útil para estabelecer associações de ideias prévias, para elaborar uma redação ou um relatório, apresentar uma conferência etc. Enfim, esse instrumento auxilia na ampliação de nosso conhecimento e na criação de novos ambientes de aprendizagem constante.

PRESENTACIÓN

El mundo evolucionó. Las máquinas de escribir fueron sustituidas por las computadoras, la dinámica empresarial pasó a exigir tareas más complejas. El mundo contemporáneo que se globalizó, realzó aún más la necesidad de un dominio cada vez mayor de idiomas extranjeros, especialmente aquellos que marcan los negocios internacionales.

Nuestro objetivo, por tanto, al ofrecer este libro, es el de ayudar en el aprendizaje y dominio del Español. Las relaciones constantes con los países de las tres Américas lo transformaron en herramienta imprescindible de los nuevos tiempos. Como veremos ya en el inicio del texto, una buena parte de los habitantes de los Estados Unidos de América del Norte, tienen la lengua de Cervantes como lengua materna y una parte aún mayor la utiliza como segunda lengua. Lo mismo sucede en Canadá y en otras partes del mundo.

En la primera parte del libro, usamos los mapas conceptuales para explicar algunos aspectos gramaticales de la lengua española. Esa herramienta, basada en la teoría del aprendizaje significativa, del psicólogo estadunidense David Ausubel, fueron desarrolladas por Joseph Novak, profesor norteamericano de Educación y Ciencias Biológicas, en la década de 1970.

Los mapas conceptuales son representaciones gráficas que establecen relaciones significativas entre conceptos. Es una técnica que nos ayuda a sistematizar y a organizar mejor el conocimiento. Se trata pues, de un recurso útil para establecer asociaciones de ideas previas, sea para elaborar una redacción, un informe, presentar una conferencia, etc. En fin, ese instrumento ayuda a la ampliación de nuestro conocimiento y a la creación de nuevos ambientes de aprendizaje constante.

PARTE I
CONOZCA EL IDIOMA

CAPÍTULO 1

La IMPORTANCIA
del ESPAÑOL

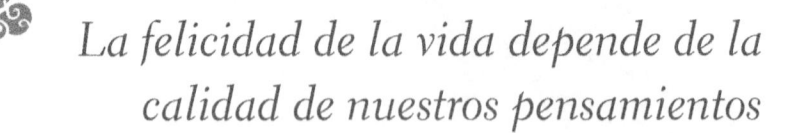

La felicidad de la vida depende de la calidad de nuestros pensamientos

Marco Aurélio
(121-180 de la E.C.)

El presente texto tiene el propósito de servir de guía y acompañante en la formación integral para entrar en el mundo de los negocios, a partir del marco conceptual del aprendizaje de la lengua Española. La importancia de ese idioma está sustentada por algunas razones que se exponen a continuación.

EN EL ÁMBITO MUNDIAL

El decreto del presidente de la República de Brasil, Luiz Inácio Lula da Silva, en agosto de 2005, fue corroborado en su intervención en el Centro de Convenciones de Cartagena de Indias, Colombia, el 28 de marzo de 2007, cuando afirmó que el "Brasil ahora será bilingüe con el Español como segundo idioma oficial" (Brasil redescubrirá..., 2007).

Fue en 1492, año del descubrimiento de América, que Antonio Nebrija, un destacado gramático que trabajaba al servicio de los reyes, elevó el idioma a la categoría de lengua clásica, cuando presentó su *Gramática de la Lengua Castellana*. En 1770, el rey Carlos III declaró el castellano idioma oficial del imperio español, extendido por toda la América hispanohablante, Filipinas, Asia y otras posiciones en Europa.

El imperio de la lengua española ha sido uno de los mayores en la historia cultural de la humanidad, pues se tornó la tercera lengua más hablada en el mundo, después del chino mandarín y del inglés.

Países de lengua española en el continente americano

Veamos las siguientes informaciones:
- El idioma Español es hablado por más de 450 millones de personas en todo el mundo.
- El Español es la lengua oficial de 21 países: Argentina, Bolivia, Chile, Colombia, Costa Rica, Cuba, El Salvador, Ecuador, España, Guatemala, Honduras, México, Nicaragua, Panamá, Paraguay, Perú, Porto Rico, República Dominicana, Uruguay, Venezuela y Guinea Ecuatorial en África.
- La Unesco estima que, a mediados del Siglo XXI, una cuarta parte de la población de los Estados Unidos hablará el Español, actualmente la lengua materna de casi 15% de los habitantes de los Estados Unidos. En aquel país, cerca de 100 millones de personas hablan español como segunda lengua.
- En los Estados Unidos y Canadá, el español es la lengua extranjera más estudiada.

Por tanto, el conocimiento del idioma Español, en un mundo globalizado, con intensa comunicación entre personas y organizaciones de varios países, se tornó fundamental para actuar en el mundo de los negocios. Especialmente en Brasil, que tiene contacto inmediato con los demás países de la región latinoamericana, es de especial importancia saber comunicarse en la lengua de Cervantes.

¿Y que hará un ejecutivo, que muchas veces atiende el teléfono o recibe personas en nombre de su empresa, si la llamada tiene origen de España o de cualquier uno de los diecinueve países de habla hispana de las Américas? No vale la pena intentar defenderse con un "portunhol", incomprensible, que sólo tendrá efectos negativos. Lo mejor es tener el dominio del idioma y establecer una comunicación positiva con sus interlocutores extranjeros.

¿Vamos a conocer nuestra nueva lengua?

Poco a poco, notarás que hay muchas diferencias entre el Portugués y el Español. Sin embargo, existen muchas semejanzas entre esas lenguas casi hermanas. Y, aunque hay diferencias, también hay características que facilitan el aprendizaje por parte de los brasileños. Por ejemplo, las cinco vocales en Español tienen apenas cinco sonidos. Ya, en el Portugués hablado en el Brasil, esas mismas letras tienen nada menos que 12 variables sonoras. Eso resulta una cierta ventaja para los brasileños que aprenden Español y una enorme dificultad para los hispanos que aprenden la lengua portuguesa, pues estos tienen que acostumbrar el sentido auditivo para entender los nuevos sonidos de las vocales. ¿Quieres ejemplos? Difícilmente un hispanohablante percibe, tan pronto inicia sus estudios de Portugués, la diferencia sonora entre avô y avó, o entre poço y posso.

¿CASTELLANO O ESPAÑOL?

La lengua castellana nació en la Provincia de Castilla y fueron los conquistadores quienes la trajeron a América, pero al convertirse el castellano en lengua universal se la llamó Español. Lo exacto es emplear el nombre de *Castellano* para designar la lengua que se habla en esa región, ya que en España se convive con otras lenguas – como el Catalán, el Valenciano, el Gallego y el Vascuence o Euskera, frente al Español en general. Así es que hablar Castellano o hablar Español es hablar la misma lengua.

ESPAÑA – MAPA LINGUÍSTICO

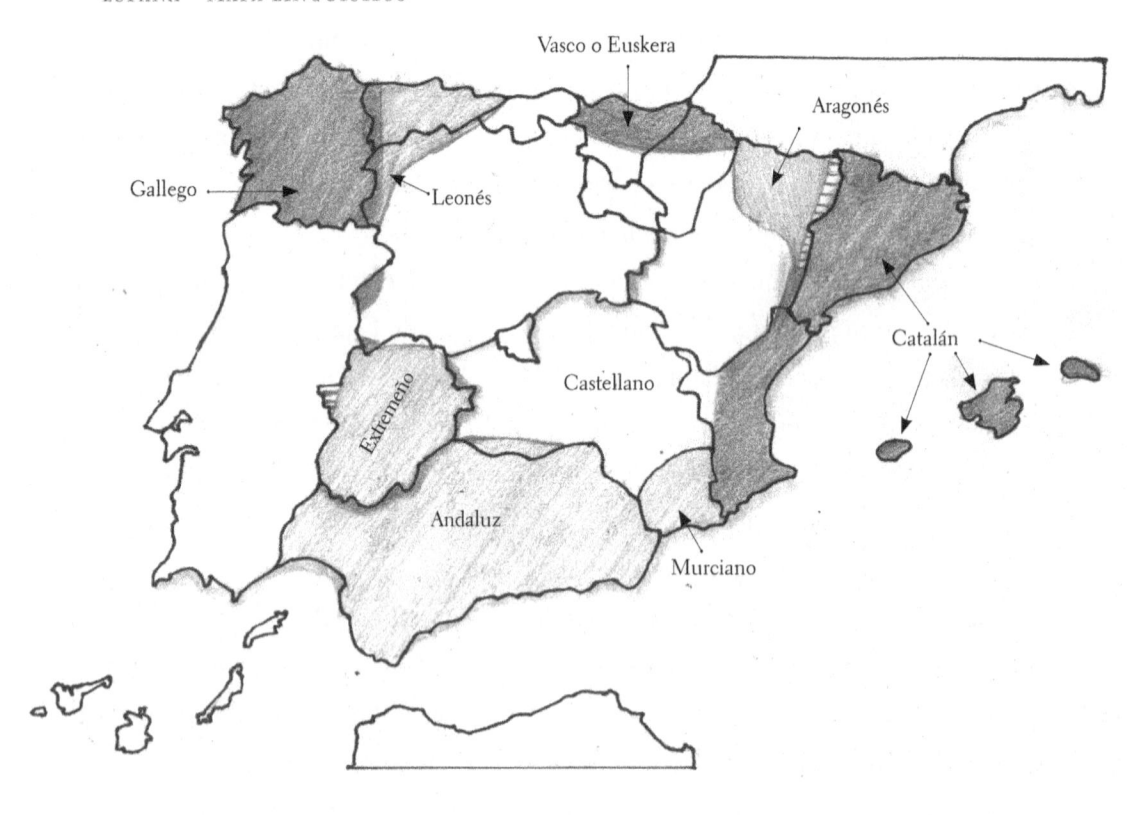

1.1 EL ABECEDARIO

El abecedario se compone de cinco vocales y veintidós consonantes:
- Vocales: A, E, I, O, U. *¿Quién lo sabe mejor que tú?*
- Consonantes: B, C, D, F, G, H, J, K, L, M, N, Ñ, P, Q, R, S, T, V, W, X, Y, Z.

Las letras del alfabeto son femeninas. El orden completo y correcto de las vocales y las consonantes dentro del abecedario es:

A, B, C, D, E, F, G, H, I, J, K, L, M, N, Ñ, O, P, Q, R, S, T, U, V, W, X, Y, Z.

A (a)	archivador	**K** (ka)	kilo	**R** (ere)	recibir
B (be)	bueno	**L** (ele)	licencia	**S** (ese)	secretaria
C (ce)	computadora	**LL***	llave	**T** (te)	trabajo
D (de)	deber	**M** (eme)	mensajero	**U** (u)	usado
E (e)	escritorio	**N** (ene)	navegar	**V** (uve)	viaje
F (efe)	firma	**Ñ** (eñe)	ñato	**W** (uvedoble)	Wilson
G (ge)	gracias	**O** (o)	oficina	**X** (equis)	xilófono
H (hache)	horario	**P** (pe)	puerta	**Y** (i griega)	yeso
I (i)	informe	**Q** (cu)	queso	**Z** (zeta)	zapato
J (jota)	jefe				

*La **ll** es un dígrafo eliminado como letra del alfabeto español en abril de 1994, junto con la **ch**. Fue colocado aquí para la realización del ejercicio que sigue a continuación.

ACTIVIDAD

1. Por favor, complete las siguientes frases con las palabras que usamos como ejemplo de las letras del abecedario:
   a) El j_____ f_____ una carta en su e_____.
   b) La s_____ envía un i_____ con el m_____.
   c) W_____ cumple con el h_____ de t_____.
   d) G_____ por el k_____ de q_____, está muy b_____.
   e) La ll_____ del a_____ está detrás de la p_____.
   f) Pedí una l_____ de ocho días para salir de v_____.

PRONUNCIACIÓN DE ALGUNAS CONSONANTES

- La b (be) y la v (uve)
  - Suenan siempre igual: burro, vaca, bicicleta, vasija.
- La c (ce)
  - En algunas regiones de España tiene sonido interdental (th). En Latinoamérica no se hace diferencia entre la c, la s y la z y se pronuncia como la ç o la ss del Portugués.
- La d (de)
  - Debe pronunciarse suavemente al final de la palabra: Madrid, usted, salud.
- La h (hache)
  - No tiene sonido, no se aspira, no se pronuncia: hotel, alcohol.
- La ll (elle): lluvia, calle, caballo.
  - El dígrafo ll con sonido de lh, en Portugués, se usa en el norte de España y en algunas regiones de Latinoamérica.
  - El dígrafo ll con sonido de y se usa en Madrid, en el sur de España y en América en general.
  - El dígrafo ll con sonido de dj, en Portugués, se usa en algunos núcleos de argentinos y uruguayos.
- La r/rr
  - Tiene dos sonidos, uno suave y uno fuerte. Es suave cuando se pronuncia entre vocales: cara, cariño.
  - Es fuerte y vibrante al comienzo de palabra: ratón, rojo. Cuando se encuentra entre consonante y vocal: Israel, suerte.

- ~ Cuando es doble (rr) también es fuerte, vibrante y se usa entre dos vocales: perro, carro.
- ~ Nunca se escribe doble al comienzo de palabra y nunca se separan (rr).
• La y (i griega)
- ~ Cuando va sola o al final de una palabra, tiene el mismo sonido que en Portugués: ley, rey. Cuando va entre vocales o seguida de vocal tiene sonido de ye (je). También se puede pronunciar como i. Entre argentinos y uruguayos tiene valor de dj en Portugués.
• La z (zeta)
- ~ En España, tiene sonido interdental, pero la mayoría de los hispanohablantes la pronuncian como la ss del Portugués: cabeza, zapato, corazón.

1.2 LAS SÍLABAS

Al combinar las vocales con las consonantes se forman las sílabas, así:
• Palabras de una sílaba o monosílabas:
- ~ be (b), ce (c), de (d), ge (g), ka (k), pe (p), qu (q), te (t), ve (v), ye (y)
   Son las monosílabas de este abecedario,
   que para aprenderlas diré a diario.
• Palabras de dos sílabas o disílabas:
- ~ efe (f): e-fe; hache (h): ha-che; jota (j): jo-ta; ele (l): e-le; eme (m): e-me; ene (n): e-ne; eñe (ñ): e-ñe; ere (r): e-re; ese (s): e-se; uve (v): u-ve; equis (x): e-quis; zeta (z): ze-ta
   Más numerosas que las monosílabas,
   son las palabras disílabas.
• Palabras de tres sílabas o trisílabas:
- ~ esfuerzo: es-fuer-zo
   Ni una de tres sílabas en el abecedario encontré,
   si no encuentro en otra parte, entonces ¿no sé qué haré?
• Palabras de más de tres sílabas o polisílabas:
- ~ simpática: sim-pá-ti-ca; representante: re-pre-sen-tan-te

Algunas consonantes como la h, l, r, seguidas y sumadas a una vocal, enriquecen el vocabulario así:

- La B con la L: blanco; doble; blindado; blonda; blusa.
- La B con la R: brazo; cabresto; encabritado; brote; brusco.
- La C con la H: chaleco; ceviche; chiste; choza; chusma.

    La vieja cachucha del chavo del ocho,
    es como un hermoso estuche
    para este chico pechocho.

> Construya una frase similar a la anterior usando palabras con la combinación ch.

- La C con la L: clavo; clavícula; bucle; teclado; ciclón; recluta.
- La C con la R: macramé; masacre; cripta; cromado; crucifijo.
- La D con la R: dragón; madreselva; madriguera; madroño.
- La F con la L: flacidez; flecha; bafle; flojo; afligir; afluencia.
- La F con la R: fracaso; fresa; frigorífico; hermafrodita; frugal.

    ¿Quieres saber cómo es mi novia?
    Es una mujer flaca, fea, floja, frágil y fría.
    Pero aunque flaca y ojerosa es hermosa la asquerosa.

- La G con la L: gladiador; glosario; glúteos.
- La G con la R: graciosa; agredir; gripa; grosera.
- La doble LL: llamarada; callejuela; llorón; lluvia.

    ¿Quién llama a la puerta con esa voz chillona
    que parece un gallinero o mas bien una llorona?

- La P con la L: platero; pletórico; plomero; plumas.
- La P con la R: practicante; preparatoria; primate; prometer.

    Me prometió una promesa que primero prometí,
    Al prometer mi promesa entonces yo desistí.

- La doble RR: parranda; parricida; parroquia; marruecos.

    Erre con erre cigarro, erre con erre barril,
    rápido ruedan los carros, cargados de azúcar al ferrocarril.

- La T con la R: trazos; treta; triquiñuela; trotamundos.

1.3 DIFICULTADES ORTOGRÁFICAS

SE ESCRIBEN CON B

A) Las palabras que empiezan con bu: búfalo; bur: burbuja; bus: búsqueda.
B) Las palabras que empiezan en ab: absoluto; ob: obtuso.
C) Las palabras que terminan en:
   - bilidad: estabilidad, a excepción de movilidad y civilidad;
   - bundo y bunda: vagabundo, meditabunda;
   - probar: comprobar.
D) Las palabras que contienen bl o br: roble, brinco.
E) El pretérito imperfecto de los verbos terminados en ar: jugaba, jugabas, jugaba, jugábamos, jugabais, jugaban.

SE ESCRIBEN CON D

A) La palabra cuyo plural termina en des: paredes = pared.
B) La segunda persona del plural del presente imperativo: venid, salid, entrad.

SE ESCRIBEN CON G

A) Las palabras que empiezan en:
   - in: ingenio, ingeniero. A excepción de: injerto.
   - geo: geometría, geofísica.
   - Las que empiezan o terminan en gen: generoso, orígen.
B) Las palabras que terminan en:
   - gélico: angélico;
   - genario: octogenario;
   - géneo: homogéneo;
   - génito: unigénito;
   - gésimo: vigésimo;
   - gético: energético.

SE ESCRIBEN CON H

A) Las palabras que empiezan en:
- hipo: hipopótamo;
- hiper: hipermercado;
- hidro: hidrogenado;
- hum: humedal;
- hia: hiatal;
- hie: hielo;
- hue: hueco;
- hui: huída.

B) Todas las formas de los verbos: hablar, haber, habitar, hacer y hallar.

SE ESCRIBEN CON J

A) Las palabras que empiezan por:
- aje: ajeno;
- eje: ejército, con excepción de agente, agencia y agenda.

B) Las palabras que terminan en:
- aje: ropaje;
- eje: deje;
- jear: hojear.

C) Los tiempos de los verbos que en infinitivo no lleven ni g ni j:
- conducir: conduje;
- reducir: redujo;
- decir: dijimos.

SE ESCRIBEN CON LL

A) Las palabras que empiezan por:
- fa: falla;
- fo: follaje;
- fu: fullero.

B) Las palabras que terminan en:
- illo: banquillo;
- illa: colilla.

SE ESCRIBEN CON M

A) Antes de o delante de las letras b y p.

B – b	P – p
ámbar	ejemplo
embrollo	amparar
también	empollar
tumbar	imponer

B) Al final de palabras como: álbum e ídem.
C) Cuando la letra que sigue dentro de la palabra es una n: na, ne, ni, no, a excepción de la sílaba nu:
- ~ alumno, columna, insomnio, solemne, gimnasia;
- ~ sinnúmero, innumerable.

SE ESCRIBEN CON V

A) Las palabras que empiezan por:
- ~ vice: vicepresidente;
- ~ villa: villancico, a excepción de billar;
- ~ ad: adviento, advertir;
- ~ lla: llavero;
- ~ lle: llevadero;
- ~ llo: llovizna;
- ~ llu: lluvia.

B) Las palabras que terminan en:
- ~ vira(o): Elvira;
- ~ ivora(o): herbívora, a excepción de víbora;
- ~ tivo: diminutivo;
- ~ tiva: superlativa;
- ~ los ordinales: octavo;
- ~ los cardinales: nueve;
- ~ las estaciones del año: primavera, verano, invierno.

C) El verbo venir en todas sus formas: vengo, vine, venías, vendrá.

D) Las formas de los verbos que en infinitivo no tienen ni b ni v:
- tener: tuvo;
- andar: anduvimos;
- contener: contuviéramos.

SE USA X

Delante de las sílabas:
- pla: explanada;
- ple: expletivo;
- pli: explicar;
- plo: explosión, a excepción de esplendor;
- pre: expresión;
- pri: exprimir;
- pro: exprofeso.

1.4 LOS SIGNOS DE PUNTUACIÓN

Los signos de puntuación son signos gráficos que aparecen en la lengua escrita y que marcan las pausas necesarias que le dan el sentido y el significado adecuado al texto.

LA COMA (,)

Es una pausa corta que facilita la comprensión del texto. Se usa para:

A) Enumerar:

Cuaderno, lápiz, borrador, lapicero, colores.

B) Aclarar:

La peluca, demasiado larga, no le favorecía.

C) Los vocativos:

Oye usted, señor, hable más pasito.

D) Oraciones independientes en una misma frase:

Unos lloraban, otros reían, otros cantaban.

E) Separar acotaciones:

El jefe, al terminar el dictado, salió para su casa.

F) Expresiones similares a:

Por último, finalmente, en efecto, en fin, sin duda, sin embargo, pues, por consiguiente, no obstante, es decir, o sea, etc.

EL PUNTO Y COMA (;)

Pausa un poco más larga que la coma (,), pero más corta que el punto seguido. Se recomienda para:

A) Separar oraciones que ya están separadas por comas:

Señorita, cuando conteste el teléfono, primero salude: ¡Buenos días! *Después, diga el nombre de la empresa:* General Electric. *Luego, identifíquese:* Habla con María. *Por último, ofrezca sus servicios:* ¿En qué le puedo servir?

B) Cuando la oración que sigue tiene relación con la anterior:

El jefe está atendiendo una llamada privada por teléfono, mientras él termina, retírese discretamente hasta que lo llame de nuevo.

EL PUNTO (.)

Sirve para terminar una frase completa. Existe:

A) El punto seguido que se usa:

~ cuando se termina un juicio y seguimos refiriéndonos a lo mismo:

El uso de la gramática y la buena ortografía, al redactar una carta, memorando o comunicado, es indispensable para ser un buen ejecutivo. La imagen del jefe, de la empresa y de la calidad de sus servicios se reflejan en la presentación, redacción y uso de la gramática de todo comunicado.

~ en las abreviaturas:

Sr. – Dr. – Rvdo.

B) El punto y aparte:

~ cuando se ha terminado un párrafo, bien porque se inicia un punto diferente o bien porque se va a tratar desde otro aspecto:

Los buenos modales no solo hablan de la preparación académica y profesional del ejecutivo, sino también del contexto interno y externo de la empresa como tal.

Es importante anotar también que la lealtad y discreción con los asuntos concernientes a la empresa, al jefe y a los empleados forman parte del inventario moral de la empresa.

~ en los diálogos, para separar las frases de los diferentes personajes:

– *La presentación personal de los empleados y su sitio de trabajo son el espejo donde los otros visitantes ven al jefe y al conjunto de la empresa.*

– *¿Qué quiere decir con eso Doctor?*

– *Que cuando usted salga de su casa, se mírese al espejo y se pregúntese: ¿Es ésta la verdadera imagen de mi jefe y de la empresa?*

C) El punto final: es el punto que se usa al final del texto.

LOS DOS PUNTOS (:)

Pausa que sirve para resaltar lo que sigue a continuación; se usa:

A) En el encabezamiento de las cartas:

Querido amigo,

Apreciado Doctor García,

Estimado compañero,

B) En el saludo al empezar un discurso:

Señoras y señores,

Distinguido público,

Ciudadanos,

C) Antes de citas textuales propias o ajenas:

En ese momento Pedro dijo: "Si tú te vas, yo también me voy."

Después del susto lo único que pude decir fue: "Creí que me iba a morir."

D) Antes de cualquier enumeración:

Trataremos los siguientes puntos:

Iremos a estas ciudades: Buenos Aires, Santiago, Bogotá, Caracas.

E) Después de expresiones como:

Hago saber

Certifico

> *Declaro*
> *Fallo*
> *Ordeno*
> *Mando*

F) Para resumir lo dicho anteriormente:

> *Señorita, cuando llegue el doctor Gómez: salga a recibirlo, salúdelo de mi parte, hágalo seguir, dígale que me espere un momento, ofrézcale algo de tomar, mejor dicho: atiéndalo muy bien.*

LOS PUNTOS SUSPENSIVOS (...)

Disminución en la velocidad de expresión, para dejar una idea en suspenso, cuando se tienen dudas, temor, por respeto o cuando se deja de decir algo que por demás se sobreentiende. Se usa:

A) Para dejar una frase incompleta:

> *Vino por lana y...*

B) Para sorprender al final:

> *Y cuando, por fin, la documentación estaba lista para enviar... se regó el café encima.*

C) Para expresar duda o indecisión o como forma entrecortada de expresarse:

> *No sé... tal vez... a lo mejor... quién sabe...*

LA INTERROGACIÓN (¿ ?)

Permite marcar el sentido de lo que se expresa como pregunta; al usarla se debe tener en cuenta:

A) En Español, los signos son dobles, por eso se deben usar al principio y al final.

> *¿Ya está lista la circular para entregársela a los empleados?*

B) Cuando se hacen varias preguntas seguidas, sólo va en mayúscula la primera interrogación.

> *¿Cuándo es la reunión? ¿en qué lugar? ¿cuál es el objetivo? ¿cuántas personas estarán presentes?*

C) Cuándo dentro de un párrafo, la pregunta solo afecta un segmento del mismo, la interrogación se aplica únicamente a ese segmento.

El próximo mes se reunirá la asamblea en pleno, debemos preparar los documentos pertinentes, de paso aprovecharé para exponer las ventajas del nuevo producto ¿usted cree que lo alcanzamos a terminar?

D) Cuando hay duda en la exactitud de un dato.

¿20 de julio de 1810?

E) Hay maneras de expresarse que no requieren del signo de interrogación.

Me pregunto por qué tanto afán de salir ya.

LA ADMIRACIÓN (¡ !)

Son signos que marcan la entonación a manera de exhortación, admiración o en forma imperativa, también se usan al principio y al final.

Ten en cuenta que el fuego quema ¡suelta eso!, Te dije que te podías quemar.

¡Que maravilla!

¡Auxilio!

¡Ayúdenme!

EL PARÉNTESIS ( )

Se usan al principio y al final; sirven para:

A) Interrumpir una oración con fines aclaratorios:

Me monté a ese caballo (más alto que yo) con una facilidad impresionante.

B) Introducir fechas o datos complementarios:

Era Presidente de la empresa, el Doctor Rivera (1997), cuando yo me retiré.

C) En las acotaciones de los textos:

Cuando estén en la sala de juntas, les entrega el material de trabajo (a uno por uno).

D) En algunas ocasiones, el paréntesis puede ser sustituido por la raya (–).

EL GUIÓN CORTO (-)

Segmento horizontal más pequeño que la raya. Se usa:

A) Para separar las palabras en sílabas:

Amorosamente – a-mo-ro-sa-men-te

B) Cuando se necesita dividir una palabra al final de un renglón:

"La persona más importante del mundo para ti, eres tú"; es una frase que contiene toda la estructura de la valoración personal.

C) Para relacionar palabras entre si:
La situación socio-económica

D) Para relacionar dos fechas:
(1835-1852)

EL GUIÓN LARGO O RAYA (–)

Es una línea más extensa que la anterior, cuya finalidad es reemplazar el paréntesis o la coma explicativa.

A) Cuando se intercala algo dentro de las palabras de un personaje o una cita textual:
Las intervenciones fueron muy acertadas – dijo María Clara –, tengámoslas en cuenta para la próxima reunión.

B) También se emplea para indicar que un personaje habla, en un diálogo literario:
–Tienes que ser más receptivo – le dije amistosamente – a las opiniones de los demás.
– Yo soy como soy – dijo sin inmutarse.

C) Para enumerar renglones a manera de índice:
— Presentación – Objetivo – Metodología – Conclusiones

LAS COMILLAS ("...")

Se usan al principio y final de los siguientes casos:

A) Títulos de obras literarias y en los seudónimos:
"Las Siete Leyes Espirituales", de Deepak Chopra.
Mi esposo, "el churro", ya se fue.

B) Para citar palabras textuales:
Por fin, la anfitriona dijo: "es hora de empezar a bailar".

C) Para resaltar una palabra o frase:
Después de tanto tiempo, volvió a aparecer "el genio".

D) Al usar vocablos extranjeros:
Nos fuimos de "shopping".

LA TILDE (´)

Es el acento gráfico que se coloca en las sílabas tónicas.

La tilde es la rayita que se escribe sobre la vocal tónica de algunas palabras para señalar dónde lleva el acento: Hércules, Félix, Inés.

El acento tiene varios significados, o sea, una misma palabra puede tener significados diferentes y todo depende del lugar donde vaya el acento. Así:

El público aplaudió con entusiasmo al cantante.

Yo publico algunas historias de la vida real.

María publicó su primer libro en la bienal del año pasado.

1.5 LAS REGLAS DE ACENTUACIÓN: LA TILDE

La tilde es el acento que le colocamos a las palabras agudas, llanas, esdrújulas y sobresdrújulas. Los monosílabos tienen reglas especiales.

	Llevan tilde	No llevan tilde
Palabras agudas (u oxítonas)	Cuando terminan en vocal, en **-n** o en **-s**: mamá, corazón, jamás	Si terminan en otras consonantes: beber, complot, bistec
Palabras llanas o graves (o paroxítonas)	Cuando terminan en consonantes que no sean **-n** ni **-s**: huésped, revólver, cáliz	Si terminan en vocal, en **-n** o en **-s**: mapa, monte, verde
Palabras esdrújulas (o proparoxítonas) Palabras sobresdrújulas	Las palabras esdrújulas y sobresdrújulas llevan tilde siempre: lámpara, sílaba, sábana cómpratelo, regálaselo	

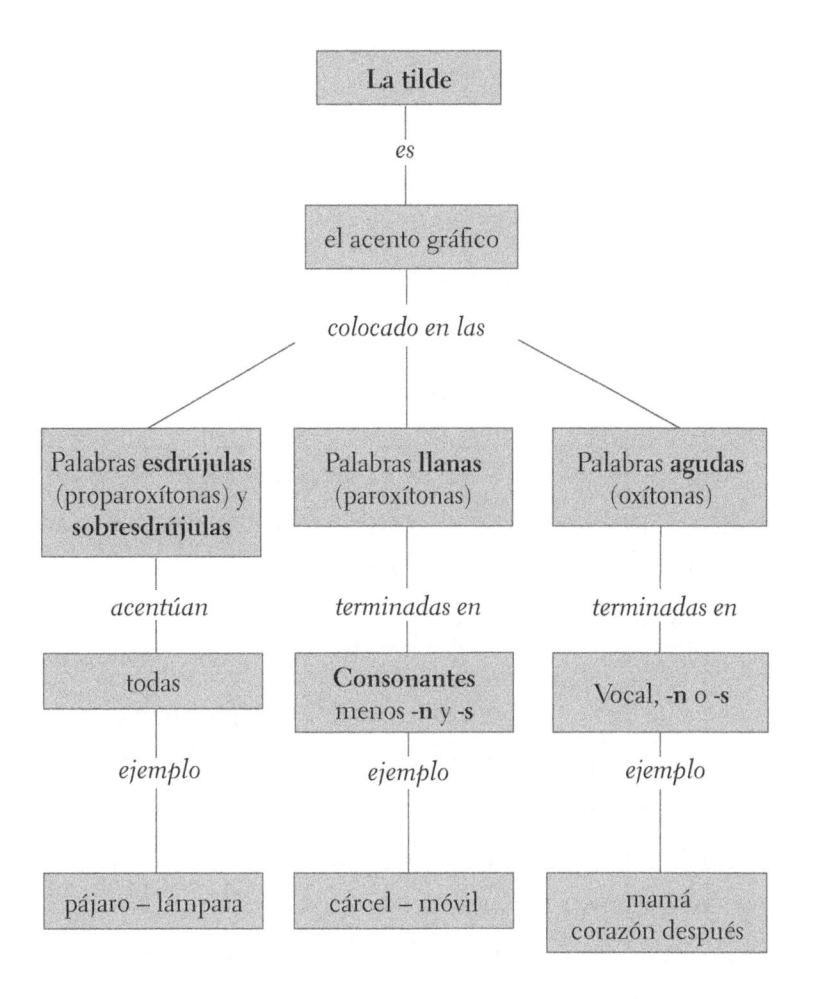

```
                            ┌──────────┐
                            │ La tilde │
                            └──────────┘
                                 │
                                 es
                                 │
                         ┌───────────────┐
                         │ el acento gráfico │
                         └───────────────┘
                                 │
                           colocado en las
            ┌────────────────────┼────────────────────┐
┌───────────────────────┐  ┌──────────────┐   ┌──────────────┐
│ Palabras esdrújulas   │  │Palabras llanas│   │Palabras agudas│
│ (proparoxítonas) y    │  │ (paroxítonas) │   │  (oxítonas)   │
│   sobresdrújulas      │  │              │   │              │
└───────────────────────┘  └──────────────┘   └──────────────┘
            │                    │                    │
        acentúan            terminadas en        terminadas en
            │                    │                    │
       ┌────────┐         ┌──────────────┐     ┌──────────────┐
       │ todas  │         │ Consonantes  │     │ Vocal, -n o -s│
       └────────┘         │ menos -n y -s│     └──────────────┘
            │             └──────────────┘            │
         ejemplo                  │                ejemplo
            │                  ejemplo                │
   ┌──────────────────┐            │          ┌──────────────────┐
   │ pájaro – lámpara │    ┌──────────────┐   │      mamá        │
   └──────────────────┘    │ cárcel – móvil│   │  corazón después │
                           └──────────────┘   └──────────────────┘
```

Mapa conceptual: La tilde

LAS MONOSÍLABAS

Las palabras monosílabas en general no llevan tilde. Sólo llevan tilde cuando son palabras tónicas:

- ~ él – pronombre personal: Él me dijo la verdad.
- ~ tú – pronombre personal: Tú lo sabrás en su debido tiempo.
- ~ mí – pronombre personal: Esto es para mí.
- ~ sí – adverbio de afirmación: Sí, estoy de acuerdo.

- sí – pronombre personal: Lo guardó para sí.
- dé – verbo dar: Dé las gracias a su amigo.
- sé – verbo saber y ser: Ya lo sé todo; sé más querido.
- té – nombre una planta o infusión: Vamos a tomar el té a las cinco.
- más – cuando significa cantidad: Quiero tomar más sopa.
- aún – equivale a todavía. ¿Aún estás ahí?

ACTIVIDAD

2. El siguiente texto está sin ningún acento. Por favor, colóquele la tilde a las palabras que le corresponden de acuerdo con las reglas de acentuación.

Medir el consumo de papel

La medicion de la cantidad de papel que se consume en una oficina permite obtener informacion muy util para promover medidas de ahorro de papel, la cantidad y tipos de papel consumidos en cada departamento, su coste y donde es mas facil o prioritario intervenir. Medir la cantidad de papel que se utiliza en una oficina permite, por tanto, conocer que mejoras se pueden realizar, explicar esas mejoras al resto de los miembros de la entidad y comprobar si se estan consiguiendo los objetivos de ahorro y reciclaje de papel que nos marquemos.

Fuente: Adaptado de MEDIR el consumo..., 2008.

1.6 LOS ARTÍCULOS

Son determinantes que se colocan delante de un nombre y que concuerdan con él en género y en número.

A) Los determinados son los que determinan cosas que son conocidas o supuestas por los interlocutores.

el jefe, los compañeros, la oficina, las secretarias

B) **Los indeterminados**, son los que determinan vagamente a los sustantivos que preceden.

un día, unos amigos, una mesa, unas flores

```
                        Los artículos
                       /              \
                     son              son
                     /                  \
              indeterminados         determinados
           /    |    |    \         /    |    |    \
          un  unos  una  unas      el   los   la   las
          |    |    |    |    \     |    |    |    |
         dia amigos mesa flores  artículos jefe oficina
                                contractos  |       |
                                 /    \  compañeros secretarias
                                al    del
                                 |     |
                              trabajo despacho
```

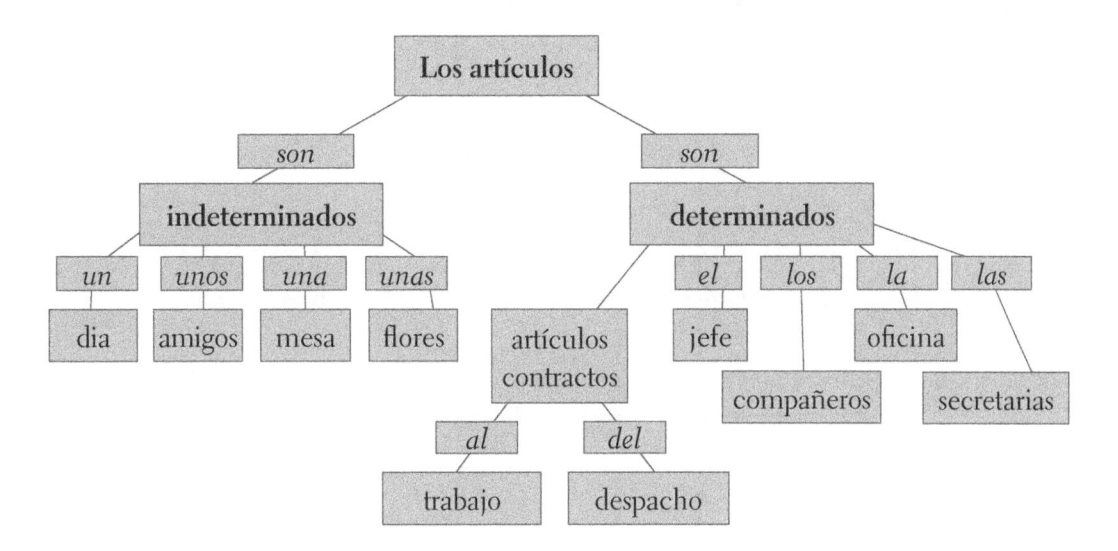

Mapa conceptual: Los Artículos

1. Indeterminados	Un	Una	Un secretario	Una secretaria
	Unos	Unas	Unos secretarios	Unas secretarias
2. Determinados	El	La	El secretario	La secretaria
	Los	Las	Los secretarios	Las secretarias

ARTÍCULOS CONTRACTOS

El artículo determinado masculino singular el se contrae cuando se combina con las preposiciones a y de:

al = a + el – La recepcionista atiende al teléfono.

del = de + el – La secretaria es la mano derecha del jefe.

- Normalmente, cuando hablamos de países, regiones, etc., no se usa artículo:

    Voy a España.

    Voy a Colombia.

- Sin embargo, para algunos países se puede utilizar el artículo determinado:

    el Brasil, el Perú.

1.7 LOS ADJETIVOS

Los adjetivos se dividen en calificativos y determinativos.

ADJETIVOS CALIFICATIVOS

Le dan una característica al sujeto. Se añaden al nombre, o lo complementan, para indicar alguna cualidad.

Ejemplos:

Mi jefe es una persona buena, generosa y sensible.

Bonito	Feo
Alto	Bajo
Pequeño	Grande
Gordo	Flaco
Bueno	Malo
Dulce	Ácido
Caliente	Frío
Generoso	Avaro
Sensible	Insensible
Largo	Corto

ADJETIVOS DETERMINATIVOS

Los adjetivos determinativos pueden anteponerse al sustantivo para definir su extensión.

Ejemplos:

Brasil cuenta con veintisiete Estado Federales.

Esta película hace una ironía a la vida familiar.

Algún amigo ha de tener.

El adjetivo cobra un significado distinto según preceda o suceda al sustantivo. Así, no es lo mismo:

pobre hombre – que hombre pobre

mujeres puras – que puras mujeres

1.8 LOS NÚMEROS CARDINALES

Los números cardinales son los que usamos para contar normalmente: uno – dos – tres…

0	Cero	27	Veintisiete
1	Uno	28	Veintiocho
2	Dos	29	Veintinueve
3	Tres	30	Treinta
4	Cuatro	31	Treinta y uno
5	Cinco	32	Treinta y dos
6	Seis	40	Cuarenta
7	Siete	41	Cuarenta y uno
8	Ocho	50	Cincuenta
9	Nueve	60	Sesenta
10	Diez	70	Setenta
11	Once	80	Ochenta
12	Doce	90	Noventa
13	Trece	100	Cien
14	Catorce	101	Ciento uno
15	Quince	200	Doscientos
16	Dieciséis	300	Trescientos
17	Diecisiete	400	Cuatrocientos
18	Dieciocho	500	Quinientos
19	Diecinueve	600	Seiscientos
20	Veinte	700	Setecientos
21	Veintiuno	800	Ochocientos
22	Veintidós	900	Novecientos
23	Veintitrés	1.000	Mil
24	Veinticuatro	1.000.000	Un millón
26	Veintiseis	1.000.000.000	Mil millones o millardos

MIRE ESTO

- La palabra bilhão, en Portugués, es 1.000.000.000. En cambio, billón, en Español es 1.000.000.000.000. La diferencia es enorme. Ello obedece a que algunos países (como Portugal, Estados Unidos, Rusia y Ucrania, entre otros) no suscribieron el acuerdo de unificación de nomenclatura realizado en París, en 1948, durante la Novena Conferencia de Pesos y Medidas. Importante observar esa diferencia para cuando necesite usar grandes cantidades o valores en los países que sí se suscribieron al acuerdo. Si lee en el periódico que una persona tiene una fortuna de 15 billones de dólares, en Español, se entiende que esa persona tiene una fortuna de 15 mil millones de dólares (o 15 millardos). Y 15 mil millones de dólares serían, para los brasileños, 15 trillones de dólares.

- La conjunción *y* sólo aparece entre decenas y unidades:

    doscientos cincuenta y cuatro

    doscientos cuatro.

- Generalmente, los números, hasta quince, se escriben en una sola palabra, pero, del dieciséis al diecinueve, también se pueden separar:

    dieciocho – diez y ocho

    diecinueve – diez y nueve

- Del veintiuno al veintinueve, siempre se escriben en una sola palabra. No se pueden separar:

    veinticinco.

- Y los que le siguen en varias palabras, salvo que terminen en cero:

    cincuenta y siete

    noventa

- Las fechas, en Español, se escriben en el orden del día, mes y año:

    10 de enero de 2014.

- Los años y los números de páginas no se escriben con punto:

    año 2014, página 1347.

- En español, la coma es el signo decimal y no el punto.

ACTIVIDAD

3. Escriba las siguientes fechas y valores en letras:

   a) Cristóbal Colón descubrió América el 12 _____ de octubre de 1492 _____.

   b) La primera bomba atómica se lanzó sobre Hiroshima el 6 _____ de agosto de 1945 _____.

   c) El presidente Kennedy de los EEUU murió en 1963 _____.

   d) La casa del presidente de la compañía cuesta US$ 58.350.000 _____.

   e) Señorita, envíe un giro a la Compañía en New York por US$ 485.300,50 _____.

   f) Necesito un cheque por $1.325.617,65 _____ para pagar los impuestos.

REFRANES USADOS EN ESPAÑOL

A caballo regalado no le mires el diente: lo que nos obsequian se debe valorar sin ponerle objeciones.

A Dios rogando y con el mazo dando: debemos hacer de nuestra parte cuanto sea, para el logro de nuestros deseos, sin esperar milagros.

A palabras necias oídos sordos: no hay que hacer caso a quien habla sin razón o a quien dice impertinencias.

Al tal señor, tal honor: a cada cual se le debe tratar según su condición.

Cría cuervos y te sacarán los ojos: los beneficios hechos a ingratos les sirven de armas para pagar el bien con el mal.

De todo hay en la viña del Señor: en el mundo hay personas y cosas buenas.

AMPLÍE SU VOCABULARIO

- **añadir**: sumar o unir para formar un todo o parte de él. *acrescentar*
- **archivador**: mueble o caja que sirve para guardar papeles o *documentos. arquivo*
- **escritorio**: mueble cerrado con una tapa, que sirve para escribir y guardar papeles. *escrivaninha*
- **expletivo**: se refiere a una palabra o a una expresión que no es necesaria para el sentido de la frase. *expletivo*
- **firma**: nombre y apellido de una persona escrita a mano por ella misma. *assinatura*
- **flaca**: que tiene poca grasa o poca carne. *magra*
- **gracias**: expresión que indica reconocimiento o agradecimiento. *obrigado*
- **informe**: información, generalmente escrita, que se da de un negocio o suceso o acerca de una persona. *relatório*
- **jefe**: persona que tiene poder o autoridad para dirigir el trabajo o las actividades de otras. *chefe*
- **largo**: que tiene mucha longitud o duración. *longo*
- **ñato**: que tiene la nariz aplastada. *de nariz chato*

Es el amor y no la razón,
que es más fuerte que la muerte.

Thomas Mann
(1875-1955)

CAPÍTULO 2

ADMINISTRANDO
EL TIEMPO

Hay un momento para todo y un tiempo para cada cosa bajo el cielo: un tiempo para buscar, un tiempo para perder; un tiempo para guardar y un tiempo para tirar.

Eclesiastés 3,6
(ca. siglo III a.C.)

Es imposible trabajar en medio de la desorganización. No funciona. Y ¿En qué consiste el desorden de su escritorio? Una persona organizada sabe siempre dónde están las cosas, no pierde tiempo. En lugar de buscar a ciegas – notas de cosas pendientes, llamadas por devolver, o personas con las que debe reunirse – podrá tener toda esa información disponible en otro sitio: su calendario de citas o su agenda personal. Es muy fácil culpar a los otros de la desorganización del escritorio. Por ejemplo, decir: "Mi jefe tiene la culpa – me asigna demasiado trabajo y no me alcanza el tiempo para dejar todo al día". La organización del tiempo depende de uno mismo. Depende de usted. Todas las reuniones y citas deben estar debidamente anotadas. Para eso, deberá llevar una agenda a donde quiera que vaya, no anote en papelitos adhesivos que se pueden perder. Organice su espacio de trabajo y los documentos que debe archivar.

ACTIVIDAD

1. Responda las preguntas:

    a) ¿Es una persona organizada? Explique.
    _____

    b) ¿Acostumbra anotar los compromisos en papeles adhesivos? ¿Cómo lo hace?
    _____

    c) ¿Se deshace de los documentos con facilidad? ¿Qué hace?
    _____

2.1 PRONOMBRES PERSONALES

Los pronombres son las palabras que señalan o representan personas u objetos. Son palabras que sustituyen a los nombres. El pronombre personal, tanto sujeto como complemento, se sitúa siempre inmediato al verbo.

Singular	yo	tú	él	ella	usted
Plural	nosotros	vosotros	ellos	ellas	ustedes

Aparecen cuando hay un contraste de sujeto o una posible ambigüedad. Si no, no son necesarios (las terminaciones de los verbos indican la persona).

¿De dónde es usted?

Yo me llamo Juan, ¿y tú?

¿SE USA USTED O TÚ?

Se usa usted en situaciones formales, de negocios, con personas de edad o cuando no se conoce a la persona.

Se usa tú cuando se tiene confianza y en ambientes informales.

Se usa vos, en vez de tú, en algunos países de Hispanoamérica.

(vos) Tenés que estudiar con más intensidad.

PRONOMBRE CON PREPOSICIÓN

Mi	ti	él	ella	usted
Nosotros	vosotros	ellos	ellas	ustedes
Nosotras	vosotras			

¿Vienes por mí? – Eso es para ti.

Se usa la preposición con en combinación con la primera y segunda persona del singular: conmigo/contigo.

Conmigo puedes ir.

Voy contigo a cualquier lugar.

Con él me gusta salir.

2.2 EL PRESENTE DE INDICATIVO

El verbo es el pilar de la oración. Expresa acciones (comer), procesos (dormir) o estados (permanecer).

El presente se usa para hablar de verdades generales, definiciones, informaciones, de cosas que hacemos habitualmente o con frecuencia, para dar instrucciones, para hablar de futuro.

Ejemplos:

Lo hago ahora para que no se me olvide. (actual)

A su padre, mi hijo le cuenta sus problemas. (habitual)

Te buscas otro trabajo. Este no te sirve. (instrucciones)

Me mandas una carta y me explicas todos los detalles. (futuro)

En el infinitivo, todos los verbos acaban en ar – er – ir y dan lugar a las tres conjugaciones: hablar (1ª.), beber (2ª.), vivir (3ª.)

Hablar: hablo – hablas – habla – hablamos – habláis – hablan

Beber: bebo – bebes – bebe – bebemos – bebéis – beben

Vivir: vivo – vives – vive – vivimos – vivís – viven

Cuando llego a la empresa, hablo con mi jefe sobre mi trabajo del día.

Cuando llego a la empresa, hablo con los directores sobre el trabajo del día.

Algunos irregulares cambian:

e por ie: querer – quiero; mantener – mantiene; empezar – empiezo.

o por ue: poder – puedo; morir – muero; volver – vuelvo.

e por i: pedir – pido; servir – sirvo.

u por ue: jugar – juego.

Quiero decirle al jefe que, sí puedo escribir la carta, así, le pido al mensajero que le entregue también un juego de bolígrafos como regalo.

Quiero creer que, sí puedo sacar el proyecto adelante, así, le pido al director que me permita dirigirlo.

IRREGULARES MÁS FRECUENTES

ser: soy – eres – es – somos – sois – son

ir: voy – vas – va – vamos – vais – van

venir: vengo – vienes – viene – venimos – venís – vienen

hacer: hago – haces – hace – hacemos – hacéis – hacen

tener: tengo – tienes – tiene – tenemos – tenéis – tienen

CON EL VERBO SER

— ¡Hola! Buenos días. Soy Carmen. Carmen Moreno Silva. Soy brasileña, de Curitiba. Mi padre se llama Carlos y es profesor; mi madre se llama Elvira y es periodista.

— ¡Hola! ¿qué tal? ¿Tú eres Elena?

— Sí, soy Elena. La asistente del director.

— El jefe me dijo que tú me podías entregar algunos documentos para llenar.

— ¡Con mucho gusto!

— Y ¿Usted es el mensajero de la empresa?

— Sí me llamo Juan.

— Mucho gusto, soy Carmen. Hoy es mi primer día de trabajo, con nuevo jefe y compañeros.

— El gusto es mío. Te va a gustar estar aquí. Somos como una familia.

CON EL VERBO IR + A

Después del verbo ir va la preposición a.

Vamos a salir de vacaciones y el agente de turismo me va a hacer la siguiente ruta: sales de Curitiba, primero vas a Barcelona, después te reúnes con tu familia y van a París. Luego vais a Italia y después a Grecia. Pueden continuar el viaje por el oriente o regresar a casa.

ACTIVIDAD

2. Por favor, conjugue los verbos entre paréntesis en la forma correcta de Presente de Indicativo.

El Estrés

Mucho antes de que Selye identificara, en 1936, el estrés como un concepto nuevo y cómo afecta la personalidad, provocando efectos corporales nocivos, Freud, en 1883, hablaba a su esposa de los efectos que sentía en su salud física y emocional por la sobrecarga de trabajo a que estaba expuesto sin que supiera que, más tarde, el concepto se identificaría como estrés.

El estrés _____ (ser) causado por un sobresalto o trauma repentino, o por estar en el ciclo adrenalínico de pelea/huida por largos períodos de tiempo. El ciclo adrenalínico es un proceso natural, cuyo propósito es darnos fuerza y resistencia extra en momentos de amenaza o peligro.

Imagínese que mientras el empleado _____ (estar) trabajando tranquilamente, _____ (llegar) su jefe, le _____ (gritar) e _____ (insultar) sin motivo alguno, lo que activa de inmediato en el empleado el ciclo adrenalínico de pelea o huida. Es posible que el empleado _____ (desear) levantarse y seguir caminando o levantarse y _____ (golpear) a su jefe, pero, por circunstancias de respeto, sociales y económicas, no se _____ (decidir) a actuar.

En esa situación, el empleado se sentirá como un carro al que le _____ (aplicar) la gasolina y el freno a la misma vez: _____ (consumir) una enorme cantidad de energía, que lo desgasta físicamente pero se queda quieto. Si la persona se _____ (mantener) en ese estado durante un período largo de tiempo, su salud física y mental _____ (comenzar) a deteriorarse. Si el cuerpo se _____ (mantener) demasiado tiempo en ese estado, varios síntomas fisiológicos, psicológicos y de conducta _____ (comenzar) a presentarse.

Algunos de estos síntomas _____ *(ser): palpitaciones, debilidad, vértigo o mareos, insomnio, dolor de cabeza, intranquilidad, trastornos digestivos, sensaciones de irrealidad, ataques de pánico, incapacidad para concentrarse, pensamientos desorganizados y extraños.*

Esos síntomas _____ *(ser) respuestas naturales a la fatiga constante. Para terminar con los síntomas* _____ *(ser) necesario romper el ciclo adrenalínico. Eso se* _____ *(lograr) a través de la relajación, meditación, yoga, ejercicio, descanso, en fin, actividades que* _____ *(aportar) a la recuperación de la energía vital.*

Fuente: Adaptado de HERNÁNDEZ, 2008.

2.3 EL USO DE: TENER QUE + INFINITIVO

Para dar instrucciones o consejos, podemos utilizar la forma tener que + infinitivo en cualquier tiempo verbal.

Tener +	que	+ Verbo en Infinitivo
Yo tengo	que	comprar un diccionario de español.
Tú tienes	que	escribir tus cartas en español correcto.
Él tiene	que	abrir todos los días el buzón del correo.
Nosotros tenemos	que	ir a clase y llevar los ejercicios hechos.
Vosotros tenéis	que	cuidar bien del patrimonio de la empresa.
Ellos tienen	que	llegar en el horario establecido.

2.4 LOS DÍAS DE LA SEMANA

Los días de la semana tienen que ver con la mitología romana. Los romanos vieron una relación entre sus dioses y el cielo y utilizaron los nombres de algunos de ellos para los planetas. De esa forma, establecieron la relación de:

Lunes – Luna. Durante mucho tiempo, se contó por meses lunares el curso del año y se atribuyó a la luna una cierta influencia sobre los seres humanos.

Martes – Marte. Fue el dios de la guerra.

Miércoles – Mercurio. Era el dios del comercio y el de los viajeros.

Jueves – Júpiter. El dios del cielo, de la luz del día, del tiempo atmosférico.

Viernes – Venus. Diosa del amor.

Sábado – Viene del hebreo *sabbath*, que significa descanso.

Domingo – Tiene su origen en la expresión latina dominicus dies, día del Señor. Para los cristianos, es tradicionalmente el séptimo día de la semana, aunque en realidad es el primero, porque se consagra una nueva semana a Jesus Cristo, que resucitó después del *sabbath*.

Fuente: Adaptado de LOS DÍAS de la semana..., 2013.

Los días de la semana se escriben en singular: el lunes, el martes. Es incorrecto decir: *en el miércoles, en el viernes*.

ACTIVIDAD

3. Complete la frase con el verbo en el tiempo Presente de Indicativo:
    a) Los días de la semana _____ que ver con la mitología romana. (tener)
    b) Sábado _____ de la palabra hebrea *sabbath*, que significa descanso. (venir)
    c) El domingo _____ (tener) su origen en una palabra latina dominicus dies, que _____ (significar) dia del Señor.
    d) Los días de la semana se _____ en singular. (escribir)
    e) _____ incorrecto decir en el miércoles. (ser)

4. Prepare las actividades completas de su jefe durante una semana. Compárelas con las de sus compañeros.

2.5 LOS MESES DEL AÑO

Enero – Febrero – Marzo – Abril – Mayo – Junio – Julio – Agosto – Septiembre – Octubre – Noviembre – Diciembre

Refrán: – *Marzo ventoso y abril lluvioso, hacen a mayo florido y hermoso.*

– *En abril aguas mil.*

– *¿Cuándo es tu cumpleaños?*

– *Mi cumpleaños es el 10 de enero.*

ACTIVIDAD

5. Pregúntele a sus compañeros cuándo es su cumpleaños y todos pueden cantar esta canción:

   Cumpleaños feliz
   Te deseamos a ti
   Que lo pases muy bien
   Cumpleaños feliz

Encuentre los meses y los días de la semana y descubra cuál es el día de la semana y el mes que está faltando.

SOPA DE LETRAS

F	D	I	C	I	E	M	B	R	E	A	C	M	I
E	S	V	P	A	O	A	B	R	I	L	L	A	K
B	E	H	L	C	D	R	A	G	R	S	U	G	L
R	P	A	B	V	J	Z	D	O	M	I	N	G	O
E	T	J	F	H	U	O	T	B	J	G	E	A	C
R	I	U	M	I	E	R	C	O	L	E	S	G	T
O	E	B	A	G	V	J	R	B	J	S	O	O	U
V	I	E	R	N	E	S	J	V	U	K	N	S	B
E	B	Z	T	W	S	M	Z	N	L	B	I	T	R
Y	R	Q	E	N	E	R	O	A	I	F	E	O	E
V	E	P	S	D	J	U	N	I	O	M	A	Y	O

LAS ESTACIONES EN BRASIL

- La primavera: 23 de septiembre a 20 de diciembre.
- El verano: 21 de diciembre a 20 de marzo.
- El otoño: 21 de marzo a 21 de junio.
- El invierno: 22 de junio a 22 de septiembre.

EXPRESIONES DE TIEMPO

- Para situar en el futuro:
  - ~ mañana – pasado mañana – la semana que viene – la próxima semana – el mes que viene – el año que viene – esta mañana – esta tarde – esta noche – dentro de + cantidad de tiempo – dentro de un par de semanas.
- Ahora:
  - ~ hoy
- Para situar en el pasado:
  - ~ ayer – anteayer – anoche – la semana pasada – el mes pasado – el año pasado – esta mañana – esta tarde hace + cantidad de tiempo, hace cinco años.

2.6 LAS HORAS

En Español se pregunta la hora diciendo:
¿Qué hora es?
Y no *¿Qué hora son?*

¿QUÉ HORA ES?

13:00	Es la una en punto.			
14:00	Son las dos en punto.	14:35	las tres menos veinticinco.
14:15	las dos y cuarto.	14:45	las tres menos cuarto.
14:20	las dos y veinte.	14:50	las tres menos diez.
14:30	las do y media.	15:00	las tres en punto.

LAS HORAS

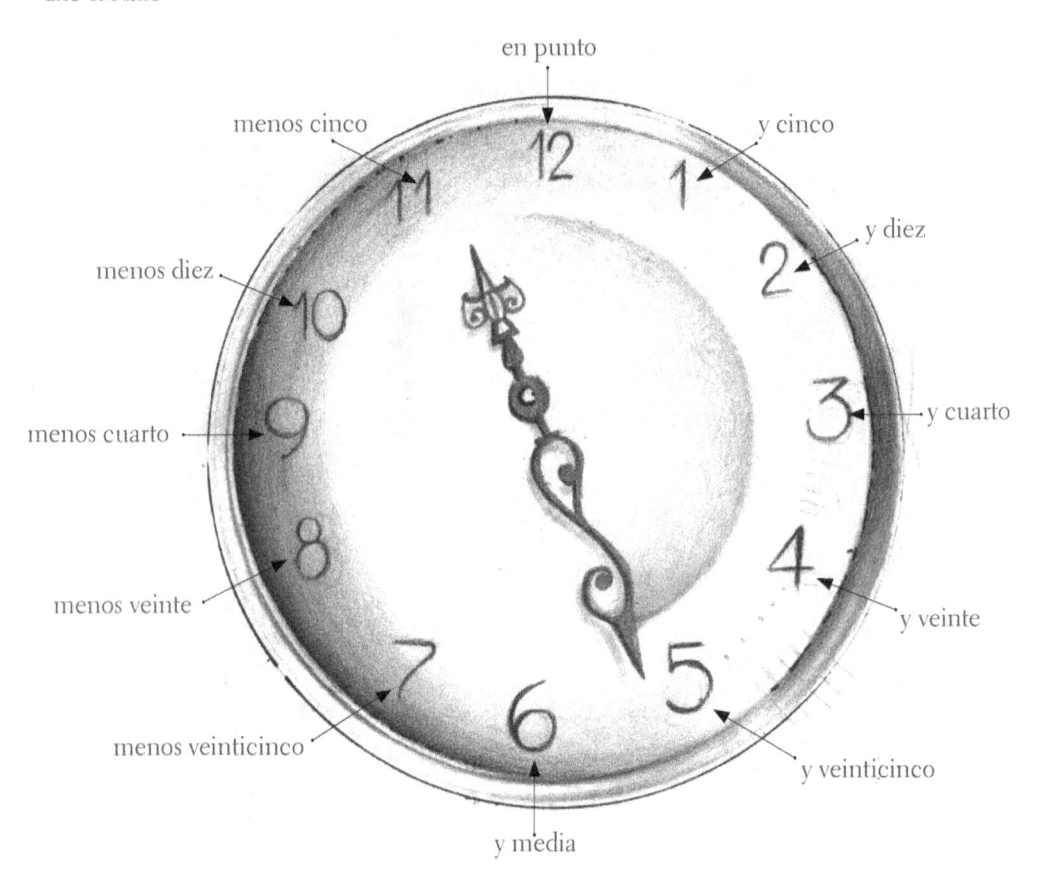

Clock diagram with labels:
- en punto (12)
- y cinco (1)
- y diez (2)
- y cuarto (3)
- y veinte (4)
- y veinticinco (5)
- y media (6)
- menos veinticinco (7)
- menos veinte (8)
- menos cuarto (9)
- menos diez (10)
- menos cinco (11)

- En España, cuando el reloj marca, por ejemplo, 12:15, es común decir "las doce y cuarto". En Hispanoamérica, "las doce y quince". A partir de los treinta minutos, es común decir la hora siguiente menos los minutos que faltan para completarla.
- Para indicar la hora de modo oficial, se usa de 0 a 24 horas: las 15:34, las 22:20. Se usa la preposición de en: las nueve de la mañana, las ocho de la noche, las tres de la tarde.
- El día se divide en: por la mañana – al mediodía – por la tarde – por la noche.

EL DÍA DE UNA SECRETARIA

> ### ACTIVIDAD
> 6. Complete los espacios en blanco:
>   a) Me levanto a las _____.
>   b) Llego a la oficina a las _____.
>   c) El director de la empresa llega a su despacho a las _____.
>   d) Organizo mi agenda del día a las _____.
>   e) Me reúno con el personal a las _____.
>   f) Respondo mis correos electrónicos a las _____.
>   g) Almuerzo a las _____.
>   h) Salgo de la oficina a las _____.
>   i) Ceno a las _____.
>   j) Me acuesto a las _____.
>   k) Duermo hasta las _____.

2.7 LOS PRONOMBRES REFLEXIVOS

Se llaman reflexivos porque el sujeto y el objeto coinciden.

(Yo)	me	*levanto temprano para ir a la oficina.*
(Tú)	te	*acuestas tarde porque te quedas en la internet.*
(Él)	se/le	*se ducha todas las mañanas.*
		No le gusta su jefe.
(Nosotros)	nos	*divertimos mucho en la fiesta de cumpleaños del jefe.*
(Vosotros)	os	*acostumbráis a llegar a tiempo a la reunión.*
(Ellos)	se/les	*se preparan para la reunión.*
		No les sienta bien el clima.

El pronombre reflexivo siempre va antes del verbo y se escribe separado, pero en el infinitivo, gerundio e imperativo va detrás del verbo y se escribe junto:

Antes del verbo: ¿*Por qué no te callas?*

Infinitivo: *Por favor, ¿puedes callarte?*

Gerundio: *Estoy callándome.*

Imperativo: *¡Cállate, por favor!*

Con los verbos gustar, parecer, doler, pasar, quedar, el pronombre se transforma en le en la tercera persona del singular y les en el plural. La construcción de la frase es así:

A mí me gusta llegar temprano a la oficina.

¿A ti te parece que la reunión fue interesante?

A él le duele la cabeza todos los días.

A nosotros nos gusta ir a ver el equipo de fútbol de la selección.

¿A vosotros os pasa algo?

A ellos les queda todo el trabajo por hacer.

ACTIVIDAD

7. Complete los espacios en blanco:

    a) La directora, todos los días, _____ despierta muy pronto.

    b) A algunos compañeros de oficina, no _____ ha sentado bien el cambio del jefe.

    c) Aún _____ duele la cabeza, aunque ya se tomó una aspirina.

    d) Ese empleado _____ pasa el día jugando en la internet.

    e) A mí no _____ gusta el desorden encima de mi escritorio.

    f) A nosotros _____ corresponde decidir sobre el futuro de la empresa.

    g) Cuando vi a mi hermano, _____ acerqué a saludarlo.

    h) A ti _____ queda muy bien el uniforme de la empresa.

    i) Para vosotros _____ daré el bono especial de final de año.

    j) Ellos _____ preparan para la reunión mensual.

2.8 PRONOMBRES POSESIVOS

Siempre van detrás del nombre y concuerdan con la cosa poseída en género y número.

Un poseedor		Varios Poseedores	
(el) mío	(los) míos	(el) nuestro	(los) nuestros
(la) mía	(las) mías	(la) nuestra	(las) nuestras
(el) tuyo	(los) tuyos	(el) vuestro	(los) vuestros
(la) tuya	(las) tuyas	(la) vuestra	(las) vuestras
(el) suyo	los suyos	(la) suya	(las) suyas

2.9 ADJETIVOS POSESIVOS

Van delante del nombre y concuerdan en género y número con la cosa poseída, no con el poseedor.

Un poseedor		Varios Poseedores	
Mi	Mis	Nuestro / Nuestra	Nuestros / Nuestras
Tu	Tus	Vuestro / Vuestra	Vuestros / Vuestras
Su	Sus	Su	Sus
Mi lápiz	Mis lápices	Nuestro lápiz / Nuestra regla	Nuestros lápices / Nuestras reglas
Tu lápiz	Tus lápices	Vuestro lápiz / Vuestra regla	Vuestros lápices / Vuestras reglas
Su lápiz	Sus lápices	Su lápiz	Sus lápices

ACTIVIDAD

8. Complete los espacios en blanco con un pronombre o adjetivo posesivo:

Adjetivo posesivo	Pronombre posesivo
a) Mi casa es más bonita.	La casa es _____.
b) _____ gafas están sobre la mesa.	Las gafas son mías.
c) Tu radio no funciona.	El radio es _____.
d) Tus amigos son simpáticos.	Los amigos so _____.
e) _____ hija es muy bonita.	La hija es suya.
f) Sus coches son modernos.	Los coches son _____.
g) _____ nieto es feliz.	El nieto es nuestro.
h) Nuestros alumnos son aplicados.	Los alumnos son _____.
i) _____ informes están buenos.	Los informes son vuestros.
j) Vuestras madres son amigas.	Las madres so _____.
k) Su abuelo es saludable.	El abuelo es _____.
l) _____ abuelas son fuertes.	Las abuelas son suyas.

2.10 ADJETIVOS COMPARATIVOS

Usos: Los adjetivos que tienen comparativos irregulares también se usan como regulares:

Mi casa es más pequeña que la tuya.

Estas frutas son mejores que las de anoche.

Mayor y menor se refieren a la importancia o a la edad, más que al tamaño:

Tu autoridad es menor que la mía.

Mariana es mayor que su hermana Carmen.

Regulares	Irregulares
Más que	Mejor(es) que
Menos que	Peor(es) que
Tan como	Mayor(es) que
Tanto como	Menor(es) que

Regulares		Irregulares	
Más que	Más alto que	Mejor(es) que	...es mejor que... ...son mejores que...
Menos que	Menos alto que	Peor(es) que	...es peor que... ...son peores que...
Tan como	Tan alto como	Mayor(es) que	...es mayor que... ...son mayores que...
Tanto como	Ríe tanto como	Menor(es) que	...es menor que... ...son menores que...

En Español no se usa **tanto cuanto** sino **tanto como**:

Mi secretaria trabaja tanto como la suya.

COMPARACIONES CON "MÁS QUE"

Observe algunas comparaciones con "más que", usadas popularmente en Español:

Más alegre que unas castañuelas.

Más amargo que la hiel.

Más astuto que una zorra.

Más bueno (bondadoso) que el pan.

Más delgado que un fideo.

Más duro que una piedra.

Más lento que una tortuga.

Más fresco (desvergonzado) que una lechuga.

Más frío que un muerto.

Más largo que un día sin pan.
Más ligero (rápido) que una centella.
Más listo (avispado) que el hambre.
Más loco que una cabra.
Más malo (malévolo) que el hambre.
Más manso que un cordero.
Más pesado (molesto, inoportuno) que el plomo.
Más suave (dócil) que un guante.
Más sordo que una tapia.
Más terco que una mula.
Más viejo que Matusalén.

2.11 LOS SUPERLATIVOS

- El superlativo absoluto destaca una característica del sujeto, sin compararlo con otro. Se puede formar añadiendo ísimo a la raíz del adjetivo o del adverbio:
    Esa secretaria es malísima para tomar dictados.
    Ese jefe que tengo ahora es importantísimo.
- También se puede formar con el adverbio muy, más el adjetivo:
    Ese jefe que tengo ahora es muy importante.
- El superlativo relativo sirve para destacar una característica del sujeto, comparándola con los demás:
    Es la mejor película que he visto en mi vida.
    El sábado fue el mejor día del verano.
    Esta sala es la más grande de la oficina.
    Diego era el mayor de los hermanos.
    Estos libros me parecen los menos interesantes de la librería.
    La temperatura más baja del invierno fue de 2°.
    Juanita es la menor de la familia.

LOS COLORES EN MI OFICINA

¡Hola! Ésta es mi oficina. No es muy grande, pero tampoco es pequeña. Además tiene mucha luz. Las paredes son blancas. Mi escritorio es grande y tiene dos cajones para guardar documentos. La silla es confortable, de color rojo. Aquí tengo lo que más me gusta. Un ordenador nuevo y mis bolígrafos con tintas de colores: azul, verde, gris, marrón, negro, rosa, amarillo, morado y naranja. Mi jefe dice que soy muy organizada.

¿Cuál es su color preferido?
¿De qué color es su cuarto?
¿De qué color es su oficina

EXPRESIONES IDIOMÁTICAS O MODISMOS

Conozca algunas expresiones o modismos utilizados en Español:

A duras penas: apuradamente, con mucho trabajo.

Armarse la de San Quintín: producirse un alboroto o revuelta de grandes proporciones.

Caérsele (a alguien) el alma a los pies: sufrir una desilusión o desengaño considerable.

Cantar las cuarenta (a alguien): decirle con resolución y desenfado lo que se piensa aun cuando le moleste.

Coger el toro por los cuernos: afrontar un asunto difícil con valor y decisión.

Dar en el clavo: acertar, atinar.

Meter la pata: equivocarse. Intervenir en algo inoportunamente.

Pedirle peras al olmo: pretender de una persona o cosa algo que no puede esperarse de ella.

Tener agallas: ser valiente.

Tomarle el pelo (a alguien): burlarse de alguien con disimulo o ironía.

AMPLÍE SU VOCABULARIO

- oficina: lugar donde se hacen trabajos administrativos. *escritório*
- escritorio: mueble cerrado con una tapa, que sirve para escribir y guardar papeles. *escrivaninha*

- cajón: recipiente con tapa que se puede sacar y meter dentro del hueco de un mueble y que sirve para guardar ropa y otros objetos. *gaveta*
- silla: asiento individual con respaldo, sin brazos y generalmente con cuatro patas. *cadeira*
- rojo: del color de la sangre. *vermelho*
- ordenador: *computador*
- bolígrafo: instrumento para escribir, que tiene en su interior un tubo de tinta. *caneta*
- gris: color que resulta de la mezcla del blanco y negro. *cinza*
- amarillo: color del oro. *amarelo*
- morado: color violeta oscuro. *roxo*

EL ABRAZO

El abrazo hacia otras personas ayuda a superar la soledad, derrota el miedo, abre las puertas a las sensaciones, alienta el altruismo y retrasa el envejecimiento.

Fuente: Adaptado de Terapia del abrazo..., 2008.

¡Que tengas un lindo abrazo!

CAPÍTULO 3

CONOCIÉNDONOS

Lo importante es no parar de preguntar.

Albert Einstein

(1879-1955)

Un proceso para conocerse a sí mismo consiste en cultivar el hábito de auto-análisis. Todo individuo debe ser crítico, consciente y reflexivo acerca de su propia conducta. Tener una actitud analítica es reconocer que necesita ayuda, en saber cómo obtenerla y en aceptar el buen juicio que implica buscar dicha asistencia. Una persona puede llegar a comprenderse mejor cuando se forma el hábito de preguntar: ¿Por qué me gusta esto? ¿Por qué me sentí así? ¿Por qué elegí esta carrera? El proceso de representar papeles, mentalmente, es útil para comprender las motivaciones humanas, ya que a través de él se pueden anticipar las respuestas probables a las alternativas de manejar una situación conflictiva. Otro paso consiste en aprender a hablar de los sentimientos propios en forma libre, ante un grupo de amigos o compañeros, y sentirse con libertad para encontrarse consigo mismo. Ese ambiente será de mucha utilidad como válvula de seguridad.

Fuente: Adaptado de MARTIN, 2008.

> **VAMOS A CHARLAR**
>
> Conteste Sí o No y explique su respuesta:
>
> Sí – No – ¿Por qué?
>
> a) ¿Reflexiono acerca de mi vida?
>
> b) ¿Reconozco mis fallas?
>
> c) ¿Puedo prescindir de los demás para vivir?
>
> d) ¿Acepto las opiniones de mis amigos?
>
> e) ¿Acepto lo que el grupo me dice?
>
> f) ¿Hablo libremente de mis sentimientos?
>
> g) ¿Busco un profesional para ayudarme?

3.1 LOS TIEMPOS PASADOS

Los tiempos verbales denotan la época o momento en que se hace o sucede lo que el verbo significa. Indican el momento en que se realiza la acción (**Presente**), se ha realizado (**Pasado** o **Pretérito**) o que se va a realizar (**Futuro**). Esos tiempos verbales pueden ser simples o compuestos. A continuación, estudiaremos el Pretérito Perfecto Simple, el Indefinido, el Imperfecto y el Pluscuamperfecto.

MAPA CONCEPTUAL: LOS TIEMPOS PASADOS

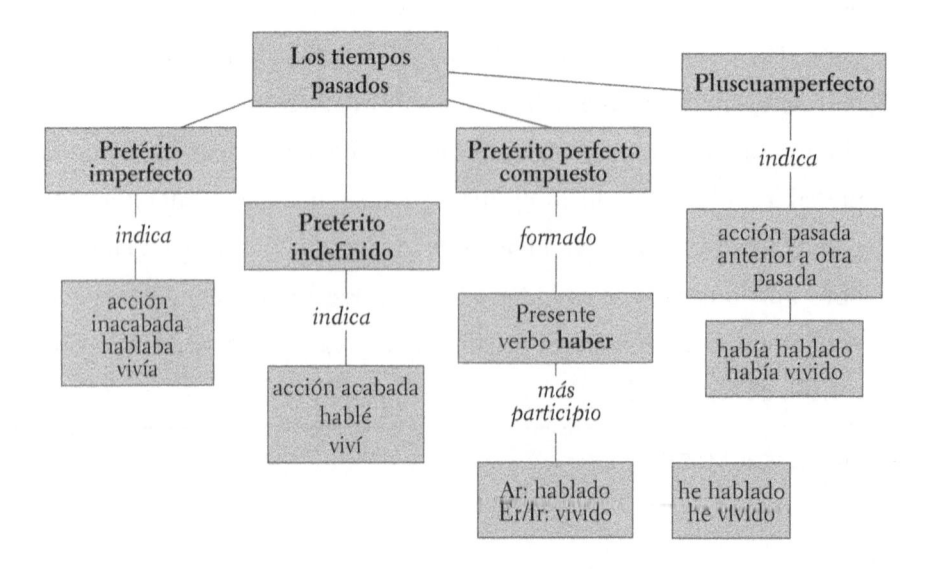

```
                    Los tiempos
                     pasados
         ┌──────────────┼──────────────┬──────────────┐
   Pretérito                      Pretérito perfecto   Pluscuamperfecto
   imperfecto                         compuesto
                  Pretérito                                 indica
      indica     indefinido           formado
                                                      acción pasada
     acción        indica            Presente         anterior a otra
    inacabada                       verbo haber           pasada
     hablaba     acción acabada
      vivía        hablé              más                había hablado
                   viví             participio           había vivido

                                    Ar: hablado          he hablado
                                    Er/Ir: vivido        he vivido
```

PRETÉRITO PERFECTO COMPUESTO

Es un Pasado Reciente, conectado con el Presente, muchas veces acompañado por marcadores temporales que indican un tiempo próximo:

Hoy – este mes – esta mañana – este año – este siglo – estos días – hasta ahora – últimamente – todavía – nunca – ya

Está formado por el presente del verbo haber y el participio del verbo principal.
Verbo haber: he – has – ha – hemos – habéis – han

Participios regulares:

ar = ado	er/ir = ido	vivir: viv-ido
cantar: cant-ado	beber: beb-ido	

Irregulares frecuentes:

abrir: abierto	ir: ido	volver: vuelto
decir: dicho	poner: puesto	morir: muerto
escribir: escrito	ver: visto	romper: roto

El auxiliar y el participio no se pueden separar nunca:
Esta semana me he roto una pierna.
Ya he dicho toda la verdad sobre lo ocurrido

Expresa:
A) Un pasado en el que se encuentra el hablante:
Este año he estado en Madrid.
Últimamente he trabajado mucho.
Nunca ha sido estimulado para seguir otra carrera
B) Una información intemporal:
Todavía no hemos estado en Buenos Aires.
¿Has leído "Vivir para contarla", de García Márquez?
¿Ya ha llegado el director?
C) Un pasado inmediato:
Hace un momento que ha llegado.
No ha llegado el informe que solicité.

D) Un pasado emocional:

Mi amiga ha muerto hace un año.

El fútbol ha ganado la batalla por el número de espectadores, paraliza ciudades y desata pasiones, alegrías y decepciones nacionales.

EL CUERPO HUMANO

Nuestro cuerpo tiene cabeza, tronco y extremidades.

- Partes de la cabeza y el rostro:

    el pelo, la frente, los ojos, las cejas, las orejas, las mejillas, la nariz, la boca, el labio, la barbilla.

- Partes del tronco:

    el cuello, el hombro, el pecho, la barriga, el ombligo, la espalda.

- Parte de las extremidades:

    los brazos, los codos, la muñeca, los dedos, las uñas, la palma de la mano, las piernas, los muslos, las rodillas, la espinilla, la pantorrilla, el tobillo, los pies, la planta del pie, el talón.

- Los cinco dedos de la mano son:

    el pulgar, el índice, el medio (o del corazón), el anular y el auricular (o meñique).

EL ROSTRO

- El pelo
- La frente
- La ceja
- El ojo
- La oreja
- La nariz
- La mejilla
- La cara
- La boca
- El labio
- La barbilla
- El cuello

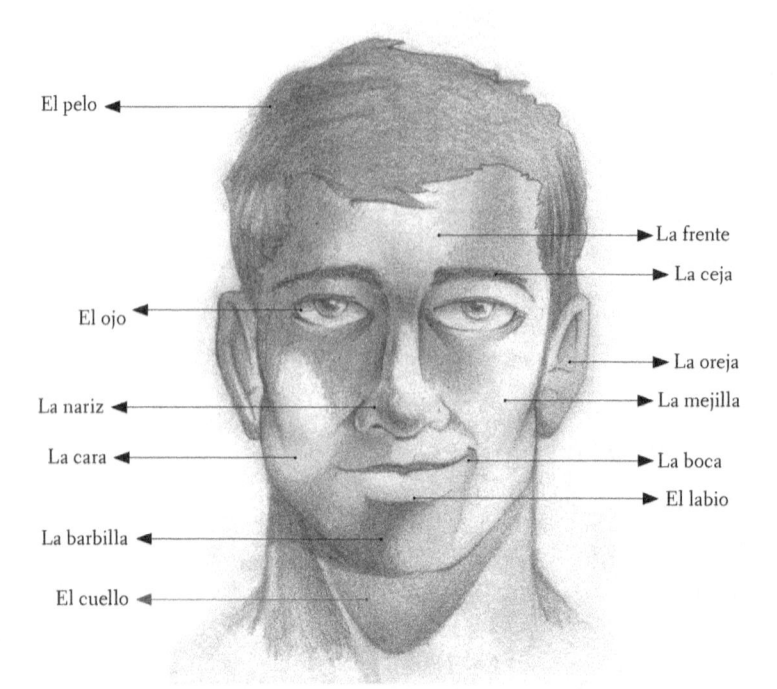

Características del cuerpo humano
- Estatura y complexión:
    alto, bajo, delgado o flaco, ancho, estrecho, fuerte, débil.
- Brazos y piernas:
    largos, cortos (brazos), largas, cortas (piernas), fuertes, débiles.

EL CUERPO HUMANO

- La cabeza
- El cuello
- El hombro
- El pecho
- El brazo
- El vientre
- El abdomen
- La barriga
- El codo
- La cintura
- El ombligo
- La mano
- El muslo
- La pierna
- Los dedos de la mano
- La rodilla
- El tobillo
- El talón
- El pie
- Los dedos del pie

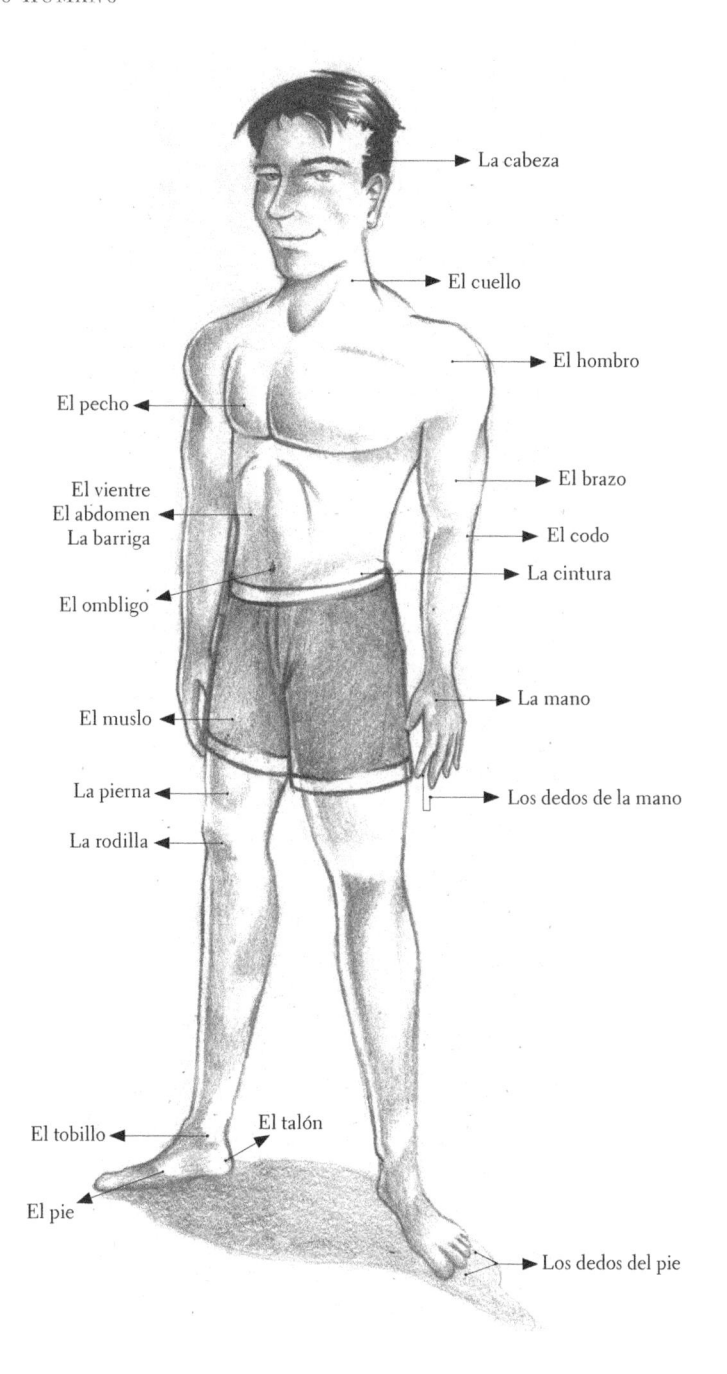

PRETÉRITO INDEFINIDO

Llamado también de Perfecto Simple, es un pasado en el que no está el hablante e indica una acción acabada, que ha llegado a su final.

Expresa:

A) Acción puntual o momentánea:

Nació el 15 de septiembre de 1982.

B) Tiempo determinado:

En ese año, me pasó todo lo imaginable.

Estuvo trabajando en la empresa hasta su jubilación.

C) Se usa para narrar. La acción avanza:

Entró, saludó a su secretaria, se dirigió a su escritorio y se dejó caer en la silla.

CONJUGACIÓN

ar	er	ir
hablar	comer	vivir
hablé	comí	viví
hablaste	comiste	viviste
habló	comió	vivió
hablamos	comimos	vivimos
hablasteis	comisteis	vivisteis
hablaron	comieron	vivieron

Irregulares frecuentes:

ser/ir: fui – fuiste – fue – fuimos – fuisteis – fueron

Fueron a la fiesta, pero no los encontré.

Fui muy feliz en mi primera boda.

hacer: hice – hiciste – hizo – hicimos – hicisteis – hicieron

¿Hiciste todo lo que te pidieron?

decir: dije – dijiste – dijo – dijimos – dijisteis – dijeron

Le dijeron que podía participar en la reunión como observador.

poner:	pus-	e	*Puse mucha atención.*
tener:	tuv-	iste	*Tuviste suerte.*
querer:	quis-	iste	*Quisiste hacer lo mejor.*

venir:	vin-	o	*Vino al trabajo cansado.*
estar:	estuv- +	imos	*Estuvimos trabajando mucho*
haber:	hub	isteis	*Hubisteis de encontrarlo.*
poder:	pud	ieron	*Pudieron hacer lo que pedí.*
saber:	sup-	ieron	*Supieron la verdad por el jefe.*

ACTIVIDAD

1. Por favor, complete los espacios en blanco utilizando el Pretérito Indefinido.

   En vísperas de viaje, _____ (dormir – yo). Antes de apagar la luz _____ (leer) la carta que le _____ (entregar) al jefe antes de salir de la oficina. Le _____ (pedir) permiso para faltar durante una semana, porque me _____ (casar) con Juan, el director de mercadeo. Lo _____ (querer) desde que lo _____ (ver) por primera vez. Mañana todos van a saber por qué _____ (faltar) sin decir nada. _____ (esconder) nuestro secreto a siete llaves.

ERGONOMÍA DEL PUESTO DE TRABAJO

Hombros relajados, codos a la altura del teclado del ordenador y próximos al cuerpo, y muñecas rectas. Ajustar bien la silla y la profundidad del asiento. La cabeza debe mantenerse erguida, la espalda correctamente apoyada y las piernas sin cruzar y con un ángulo superior a 90° respecto al tronco. Lo mejor es tener luz natural. Se recomienda una iluminación general y otra centrada en la tarea que se esté realizando. Los colores de las paredes, techos y superficies de trabajo no tienen que ser muy oscuros ni brillantes. La pantalla del ordenador debe situarse al nivel de los ojos y a una distancia de entre 45-60 cm desde el borde anterior de la mesa. Los codos deben mantenerse a la altura del teclado. De tenerlo muy alto se reacciona alzando los hombros, que terminarán provocando dolor de espalda, cuello y hombros.

> El ratón, manteniendo la muñeca recta, se recomienda utilizarlo lo más cerca posible del teclado y entre el pulgar, el anular y el meñique. El dedo índice y corazón deben descansar ligeramente.
>
> Aprovecha los pequeños descansos durante el trabajo para relajar el cuerpo, efectuando movimientos de estiramiento de los músculos.
>
> La silla ideal ha de ser rígida y con respaldo alto para apoyar al menos la zona lumbar.

Fuente: Adaptado de ERGONOMÍA del puesto..., 2008.

ACITIVIDAD

2. Tome del texto anterior las respuestas y coméntelas con sus compañeros.

   ¿Cómo deben estar las siguientes partes en el puesto de trabajo?

   a) Los hombros _____
   b) Los codos _____
   c) La cabeza _____
   d) La espalda _____
   e) Las piernas _____
   f) La pantalla del ordenador _____
   g) El ratón _____
   h) La luz _____
   i) La silla _____
   j) Los pequeños descansos _____

PRETÉRITO IMPERFECTO

Es un pasado que indica una acción inacabada. Es el presente del pasado. Presenta la acción en su transcurso, ocurriendo. No nos dice si la acción ha llegado o no a su final.

Expresa:

A) Costumbre:

A menudo, sentía mucha alegría cuando lo veía llegar a la oficina.

B) Descripción:

Hacía mucho frío, la noche estaba muy oscura y así tuvo que salir a trabajar.

C) Cortesía:

¿Podía hablar un momento con usted?

D) Condicional:

Si pudiera, me iba ahora mismo.

- La desinencia de los verbos terminados en ar es: aba – abas – aba – ábamos – abais – aban.

    Jugaba en el jardín mientras los otros cantaban.

- La desinencia de los verbos terminados en *er-ir* es: ía – ías – ía – íamos – iais – ían.

    Comía la cena mientras veía la televisión.

- Verbo Ir: iba – ibas – iba – íbamos – ibais – iban.

    Iba a visitar a su madre todos los días después de salir del trabajo.

- Verbo Ser: era – eras – era – éramos – eráis – eran.

    Éramos felices cuando estudiábamos en la universidad.

ACITIVIDAD

3. Complete los espacios en blanco conjugando los verbos en el Pretérito Imperfecto de Indicativo.

_____ (nosotros – volar) suavemente a treinta y siete mil pies de altura, y el avión _____ (estar) repleto. _____ (nosotros – haber) pasado el mar y nos _____ (nosotros – aproximar) a tierra. Ambos, el mar y la tierra, _____ (estar) muy debajo de nosotros, los pasajeros nunca _____ (parecer) dejar de charlar o de beber o de hojear las páginas de una revista; después proyectaron una película. _____ (ellos – constituir) un grupo muy ruidoso que _____ (deber) ser alimentado y entretenido; _____ (ellos – dormir), _____ (roncar) y _____ (estar) tomados de las manos.

Fuente: KRISHNAMURTI, 1983.

CURIOSIDADES

Es imposible lamerse el codo.

La gente dice *salud* o Jesús cuando estornuda, porque durante el estornudo el corazón se detiene un milisegundo.

El 70 por ciento del cuerpo humano está compuesto por agua.

Las orejas humanas crecen durante toda la vida, aunque lo hacen muy lentamente.

El esqueleto humano sigue creciendo hasta los 35 años de edad aproximadamente, después comienza a encogerse.

Tenemos alrededor de 100.000 cabellos en nuestra cabeza.

Igual que las huellas digitales, cada lengua es única.

El esqueleto humano está compuesto por 205 o 206 huesos (según el cóccix de cada uno). Más de la mitad de ellos se encuentran en las manos y pies (27 en cada mano y 26 en cada pie – 106 en total).

Fuente: ANATOMÍA y cuerpo humano, 2013.

PRETÉRITO PLUSCUAMPERFECTO

Expresa:

A) Una acción pasada anterior a otra también pasada:

Ya me lo habían dicho, por eso no me sorprendió.

B) A veces lo usamos para una acción posterior a la del verbo principal, pero con la idea de rapidez en la ejecución:

Le pedí que trajera el presupuesto y, al poco rato, me lo había traído.

En toda mi ausencia, no me *había acordado* de su nombre. Ya me *había reconocido* a casi un metro de distancia. […] Después de no habernos visto durante tantísimos años, *hubiera podido* vivir sin que su figura hiciera acto de presencia en su memoria […]. Comprobé que se había vuelto a mirarme. Dominé el impulso y, sólo una vez doblada la esquina, apresuré un poquito el paso.

Fuente: AYALA, 1950.

> La memoria es una pura trampa: corrige sutilmente, acomoda el pasado en función del presente.

Fuente: VARGAS LLOSA, 1987.

ACTIVIDAD

4. Responda las preguntas.

   ¿Qué opina de la frase anterior?
   _____

   ¿Para usted es importante el pasado?
   _____

   ¿Acostumbra a referirte al pasado con frecuencia?
   _____

   ¿Le dicen que vive en el pasado?
   _____

   ¿Tiene buena memoria?
   _____

5. Transforme el infinitivo en el tiempo y modo adecuado, utilizando los tiempos pretéritos vistos anteriormente.

   _____ (Cumplir – él) la amenaza de mandarlo a recoger la basura del muelle, pero le _____ (dar – él) su palabra de que lo _____ (subir) paso a paso por la escalera del buen servicio hasta que encontrara su lugar. Así _____ (ser). Ninguna clase de trabajo _____ (lograr) derrotarlo por duro o humillante que fuera, ni lo _____ (desmoralizar) la miseria del sueldo, ni _____ (perder) un instante su impavidez esencial ante la insolencia de sus superiores. Pero tampoco _____ (ser) inocente: todo el que _____ (atravesarse) en su camino _____ (sufrir) las consecuencias de una determinación arrasadora, capaz de cualquier cosa, detrás de una apariencia desvalida. Tal como el tío León XII, _____ (prever) para que no se le quedara sin conocer ningún secreto de la empresa, _____ (pasar) por todos los cargos en treinta años de consagración y tenacidad a toda prueba.

Los _____ (desempeñar) todos con una capacidad admirable, estudiando cada hilo de aquella urdimbre misteriosa que tanto _____ (tener) que ver con los oficios de la poesía, pero sin lograr la medalla de guerra más anhelada por él, que _____ (ser) escribir una carta comercial aceptable: una sola. Sin proponérselo, sin saberlo siquiera, _____ (demostrar), con su vida, la razón de su padre, quien _____ (repetir) hasta el último aliento que no _____ (haber) nadie con más sentido práctico, ni picapedreros más empecinados, ni gerentes más lúcidos y peligrosos que los poetas. Eso, al menos, _____ (ser) lo que _____ (contar) el tío León XII, que _____ (soler) hablarle de su padre durante los ocios del corazón, que le _____ (dar) de él una idea más parecida a la de un soñador que a la de un hombre de empresa.

Fuente: GARCÍA MÁRQUEZ, 1985.

AMPLÍE SU VOCABULARIO

- basura: conjunto de desperdicios y de cosas que no sirven y se tiran. *lixo*
- charlar: hablar sin un fin determinado sobre algún tema. *conversar*
- escalera: serie de peldaños colocados uno a continuación de otro. *escada*
- sueldo: cantidad de dinero que recibe una persona por el desempeño de un cargo o un servicio profesional. *salário*
- hilo: fibras que se obtienen de un material textil. *fio*
- urdimbre: conjunto de hilos que se colocan paralelos y longitudinales y por los que pasa horizontalmente la trama. *urdidura*
- lograr: referido a algo que se intenta o desea conseguir. *conseguir*
- picapedrero: hombre que se dedica profesionalmente a picar piedra. *pedreiro*
- empecinado: obstinado o terco. *teimoso*
- soler: acostumbrar o tener por hábito. *costumar*
- ocio: tiempo libre, fuera de las obligaciones y ocupaciones habituales. *ócio*
- trampa: instrumento o artificio para cazar, que se deja oculto para que un animal quede atrapado en él. *armadilha*

3.2 LOS NÚMEROS ORDINALES

Los números ordinales son números usados para señalar una posición en una secuencia ordenada: primero, segundo, tercero, cuarto, quinto, sexto, etc.

1º primero(a)	8º octavo(a)	15º decimoquinto(a)
2º segundo(a)	9º noveno(a)	16º decimosexto(a)
3º tercero(a)	10º décimo(a)	17º decimoséptimo(a)
4º cuarto(a)	11º undécimo(a)	18º decimoctavo(a)
5º quinto(a)	12º duodécimo(a)	19º decimonoveno(a)
6º sexto(a)	13º decimotercero(a)	20º vigésimo(a)
7º séptimo(a)	14º decimocuarto(a)	100º centésimo(a)
		1.000º milésimo(a)

SE USAN

- Para nombrar los pisos de un edificio y el número y orden en un grupo:
    El ascensor se ha parado en el octavo piso.
    Pablo era el primero de la clase.
- Muy poco después del 10º (décimo). Se suelen sustituir por los cardinales.
    Vivo en el piso 15 (quince) = cardinal.
    Vivo en el 15º (decimoquinto) piso = ordinal.
- Concuerdan en género y número con el sustantivo al que acompañan.
    Yo vivo en el segundo piso.
    La cafetería está en la primera planta.
    Hoy salen los primeros informes sobre las elecciones.
    Las futbolistas brasileñas son las primeras del mundo.
- Primero y tercero pierden la o delante de un nombre masculino singular:
    Mi oficina está en el primer piso.
    El miércoles es el tercer día de la semana.

> ### LA MEJOR DIETA PARA EL VERANO
> El cambio de temperaturas que supone la llegada del verano exige modificar ligeramente nuestra dieta, para adaptarla a nuevas necesidades nutritivas. Una alimentación sana y equilibrada es fácilmente compatible con el sol y el calor si seguimos una serie de pautas básicas. Y es que el efecto inmediato del calor es la deshidratación del organismo. La subida del mercurio de los termómetros exige, principalmente, una dieta con alto contenido en agua y fibra, que permita mantener nuestro cuerpo hidratado, limpio y nutrido.

Fuente: LA MEJOR dieta, 2013.

EL GAZPACHO

Es una receta típica de España de la región de Andalucía. Es una sopa fría especial para el verano.

Ingredientes:
- 1 diente de ajo
- 2 a 3 cucharas de aceite de oliva virgen
- 5 tomates sin piel picados
- 1 cebolla en pedazos
- 100 gramos de pepino sin cáscara en pedazos
- 2 tajadas de pan o un pan francés
- 1 cucharada de sopa de vinagre de vino
- Sal y pimienta del reino a gusto
- 200 ml de agua fría
- Hielo si se quiere

Modo de hacerlo:

Coloque en la licuadora el tomate, la cebolla, el pan, el aceite, el vinagre, la sal, la pimienta del reino y el agua fría.

Para servir junto:

Un tomate, 200 gramos de pepino sin cáscara, 2 tajadas de pan. Esos ingredientes deben ser cortados en cubitos y el pan ligeramente tostado en el horno. Cada uno de ellos se sirve en recipientes separados. En el momento de servir, cada uno toma un poco de caldo y, al que le guste, le puede echar los ingredientes picados aparte.

ACTIVIDAD

6. Escriba con letras:
   a) El (1°) ingrediente es _____ .
   b) El (5°) es _____ .
   c) El (3°) ingrediente es _____ .
   d) El (9°) es _____ .

7. Siga el ejemplo: 10° décimo año.
   a) 5° hermano _____ .
   b) 3ª semana _____ .
   c) 1° alumno _____ .
   d) 8° mes _____ .
   e) 7ª nieta _____ .
   f) 9° piso _____ .
   g) 3° libro _____ .
   h) 15° día _____ .
   i) 20ª planta _____ .
   j) 100ª vez _____ .

3.3 ADJETIVOS DEMOSTRATIVOS

Los adjetivos demostrativos son los que señalan cualquier persona, lugar u objeto.

Este	Esta	Estos	Estas	Indican cercanía, algo que está aquí o acá.
Ese	Esa	Esos	Esas	Para algo menos cerca: ahí o allá.
Aquel	Aquella	Aquellos	Aquellas	Más lejano: allí o más allá.

- Los adjetivos demostrativos generalmente van delante del nombre y concuerdan con el género y el número:

    Esta semana tengo que entregar el informe a la junta directiva.

- A veces pueden ir detrás de un sustantivo con artículo para destacarlo más:

    El libro, ese no me gusta mucho.

3.4 PRONOMBRES DEMOSTRATIVOS

Los pronombres demostrativos sirven para nombrar y distinguir elementos que ya se han mencionado anteriormente, pero sin repetirlos. Los pronombres reemplazan el nombre.

Este	Esta	Estos	Estas	**Esto**
Ese	Esa	Esos	Esas	**Eso**
Aquel	Aquella	Aquellos	Aquellas	**Aquello**

Los pronombres demostrativos nunca acompañan al nombre y es muy habitual escribirlos con tilde para diferenciarlos de los adjetivos:

Mira, ésta es Inés y éste es Juan.

Éstos que están aquí sí me gustan, pero ésos no.

MIRE ESTO

- Esto y eso llevan tilde o acento gráfico. Las demás formas pueden ser pronombre o adjetivo.
- Si son adjetivos, acompañan al nombre y nunca llevan tilde: esta casa, ese día, esas amigas, etc.
- Si son pronombres, se tildan cuando sea posible la ambigüedad o confusión: Esta llegará mañana (aquí no hay ambigüedad posible: "La carta o la cosa que se espera llegará mañana"). Llegará esta mañana (aquí es posible la ambigüedad: si "esta" es adjetivo, la frase

significa "llegará la mañana de hoy"; si es pronombre, "la cosa que se espera llegará por la mañana"). Para evitar la ambigüedad, en ese caso, conviene acentuar "esta": "Ésta llegará mañana" = "Esta cosa llegará mañana".

ACTIVIDAD

8. Diga lo que significan estos dichos:
   a) Quien tiene boca se equivoca. _____ .
   b) Por la boca muere el pez. _____ .
   c) Tener olfato para los negocios. _____ .

3.5 USO DE LA "E" EN VEZ DE "Y" USO DE LA "U" EN VEZ DE "O"

- Generalmente se usa la conjunción y, pero se convierte en e delante de i y de hi:
  Padres e hijos se entienden e incluso se ayudan mutuamente.
- La o se convierte en u delante de o y de ho:
  Uno u otro día van a tener que entenderse.
  Mañana u hoy resolveremos si continúa trabajando en la empresa.

EXPRESIONES IDIOMÁTICAS

Buscar tres pies al gato: buscar o ver complicaciones donde no hay.

Cortar por lo sano: poner fin tajantemente con un acto de energía a una situación que causa disgusto.

En un abrir y cerrar de ojos: en un instante; con mucha rapidez.

Dar la lata: fastidiar o molestar con cosas o acciones inoportunas.

Estar en ascuas: estar impaciente, esperando el resultado de algo o por algo que puede suceder.

No dar pie con bola: equivocarse reiteradamente.

Poner los puntos sobre las íes: puntualizar, aclarar las cosas de tal forma que no haya lugar a dudas o tergiversaciones.

Tener agallas: ser valiente.

Tener mala leche/mala uva: tener mal carácter.

Tener la sartén por el mango: estar en una situación de superioridad en el manejo de un asunto.

LA RISA

Científicamente se ha comprobado que la risa franca, la carcajada, aporta múltiples beneficios, tales como: reduce el estrés, las tensiones, la ansiedad, la depresión, el colesterol, el insomnio, adelgaza, elimina dolores, problemas de corazón y respiratorios o cualquier enfermedad.

Tengas la edad que tengas, hay, en tu interior, un pequeño que necesita amor, aceptación, juego, diversión y risa. Si eres mujer, por muy independiente que seas, tienes en tu interior a una niña muy vulnerable que necesita ayuda; si eres un hombre, por muy maduro que seas, llevas de todas formas un niño dentro que tiene hambre de calor y afecto.

Fuente: LA RISA te sana, 2008; EL NIÑO interior, 2008.

¡Que lo pase bien!

CAPÍTULO 4

MEDIOS DE TRANSPORTE

Los hombres viajan para maravillarse con la altura de las montañas, las olas inmensas del mar, el largo curso de los ríos, el basto ámbito del océano, el movimiento circular de las estrellas, y pasan por sí mismos sin maravillarse.

San Agustín
(354-430 d.C.).

Pensar en viajar, sin importar cuál sea su finalidad, es pensar en el medio de transporte que se tendrá que utilizar. Veremos que existen varias opciones que permitirán decidir cuál se escogerá, de acuerdo con las preferencias o la finalidad.

¿Elegirá viajar por tierra? Lo podrá hacer en automóvil, autobús, tren. Viajar por carretera le proporcionará la oportunidad de deleitarse con el paisaje, podrá conocer las diferentes poblaciones que encontrará en el recorrido, se detendrá a descansar, lo que hará el viaje más ameno y relajado. Y si elegirá el tren, en los países europeos, lo hará muy bien, si el propósito es de disponer de más tiempo para conocer varios países y ciudades.

¿Decidirá el transporte aéreo? Será el medio de transporte más rápido para llegar a cualquier destino, sobre todo si lo que querrá es ganar tiempo.

Pero también podría elegir el transporte marítimo. Ese medio le permitirá gozar de las comodidades y lujos de un lindo crucero en el mar; o podría también disfrutar de la velocidad de un yate.

Como podrá ver: por aire, mar o tierra, transportarse siempre será un placer.

ACTIVIDAD

1. Conteste a las siguientes preguntas:

    a) ¿En qué medio de transporte preferirá viajar? _____.

    b) ¿En cuál de ellos viajará en las próximas vacaciones? _____.

    c) ¿Y a dónde irá ? _____ .

2. Utilice uno de los siguientes medios de transporte: avión, tren, coche, autobús, taxi, camión.

    a) La mudanza de mi casa, la envié en un _____ de la empresa Transluz.

    b) El vicepresidente de la empresa llega a la terminal de Occidente en el _____ de las 8:15 p.m.

    c) Si quieres llegar a tiempo a la conferencia de la mañana, toma el _____ de las 6:30 a.m.

    d) Esta noche tengo un coctel en la gerencia, así que prefiero tomar un _____ de regreso a casa.

    e) Álvaro dejó su _____ en la oficina, porque se había tomado unas copas.

    f) El _____ del colegio recoge a los niños a las 7:15 a.m.

4.1 LOS FUTUROS

El Futuro es un tiempo que expresa una acción venidera, que se realizará posterior al momento en que se anuncia.

EL FUTURO SIMPLE

- El Futuro Simple se usa cuando la acción es un tiempo venidero en relación al presente del hablante:

    Terminaré el informe sobre la cotización de trenes, vuelos y yate, para el viaje que haremos mañana por la mañana.

    Le diré al director que fue cancelado el vuelo para Madrid.

- El futuro de probabilidad se usa cuando existe la idea de probabilidad, incertidumbre, suposición, respecto al presente:

    Pablo, el vuelo a Milán saldrá del aeropuerto a las 3:00 de la tarde, tendrá que salir de la oficina a las 11:00 a.m. para que llegue a tiempo. Si no lo hace así, perderá el vuelo y no habrá otro hasta mañana.

- El futuro de extrañeza o reprobación aparece en frases explicativas o interrogativas:

    ¿Será que el itinerario, está bien así?
    ¡Sabrá Dios cuándo nos pagarán los viáticos!

- El futuro con valor concesivo, se admite como posible lo expresado en la frase, con futuro, y se pone una objeción con la frase encabezada por pero:

    Tu jefe se portará bien contigo, pero con nosotros es insoportable.
    Trabajarás mucho, pero no se ve.

- En el futuro de mandato, cuando se expresa en este tiempo, tiene una proyección hacia el futuro:

    Lo harás, así pases la noche entera en el ordenador.
    ¡No te irás, hasta que termines!

MIRE ESTO

Cuando se conjuga en el tiempo futuro, el verbo se conserva en el Infinitivo. Esta regla es igual para todos los verbos regulares.

Verbos terminados en: ar, er, ir	é	ás	á	emos	éis	án
amar	amaré	amarás	amará	amaremos	amaréis	amarán
Verbos terminados en: ar, er, ir	é	ás	á	emos	éis	án
haber	habré	habrás	habrá	habremos	habréis	habrán

Algunos irregulares: la raíz del verbo cambia, pero la desinencia es la misma como en los verbos regulares.

Poder	Saber	Hacer	Decir	Tener	Poner	Venir	Salir	Querer
Podré	Sabré	Haré	Diré	Tendré	Pondré	Vendré	Saldré	Querré

¿VIAJARÁ A MADRID?

Si su respuesta al texto del inicio del capítulo es que viajará a Madrid, entonces, presentará en el aeropuerto de Barajas de Madrid varios documentos que le pedirán y responderá a preguntas que funcionarios de la aduana harán a su llegada. De pronto, no le pedirán nada, pero, mire, no se confíe, porque le podrán pedir todos los documentos y lo podrán regresar si no los tiene en orden. ¡Es cuestión de suerte! Así es que prepararemos y alistaremos lo siguiente: pasaporte, carta de invitación, certificado de solvencia económica, lugar donde se hospedará. Le preguntarán el nombre de la persona que le hospedará, en caso que no sea hotel, qué parentesco tiene con la persona que visitará, de dónde la conoce, el tiempo de estadía. Esas son algunas preguntas de las que hacen los funcionarios. Por último, no se olvidará de las vacunas.

ACTIVIDAD

3. Complete el siguiente texto con formas de Futuro.

   Si quiero viajar a España, yo _____ (tener) que hablar bien Español y _____ (tener) que estudiar mucho – _____ (hacer) los ejercicios gramaticales del libro de español, _____ (conjugar) los verbos irregulares y _____ (conversar) sobre muchos temas. Yo _____ (procurar) ejercitarme todo lo que pueda. _____ (estudiar) durante la semana en casa, _____ (venir) puntualmente a la clase y _____ (hablar) siempre en Español. Cuando acabe el curso, ya _____ (saber) lo necesario para poder viajar con tranquilidad. Yo _____ (esperar) ansiosa a que llegue ese día.

EL FUTURO PERFECTO

- El Futuro Perfecto expresa una acción futura anterior a otra también futura:

    El presidente me pidió que le presentara el informe de la reunión de mañana.

Vas a ver que cuando él llegue, ya lo habré terminado.

- El Futuro Perfecto de probabilidad expresa lo mismo que el Futuro Simple, pero se refiere al Pretérito Perfecto:

    Él no ha venido, porque se habrá quedado sin gasolina en el coche.
    ¿Cuánto le habrá costado el coche nuevo?

- Futuro Perfecto de extrañeza o reprobación:

    ¡Habráse visto gente más holgazana!
    ¡No habrá sido capaz de hacerlo todo!

- El Futuro Perfecto concesivo tiene el mismo valor del Futuro Simple, pero se refiere a un tiempo perfecto:

    ¡Habrás trabajado mucho, pero has presentado un informe terrible!

EL AEROPUERTO DE MADRID BARAJAS

El Aeropuerto de Madrid Barajas es el más importante de Madrid. Existen otros dos: Madrid-Torrejón y Madrid-Cuatro Vientos, pero son de escasa importancia para aquellos que visitan Madrid. El de Madrid Barajas está situado a 13 kilómetros al noreste de Madrid.

Grandes compañías realizan traslados privados en el Aeropuerto de Madrid y ofrecen enlaces directos desde el aeropuerto hasta la puerta de su hotel, coches con conductor y servicio de limusina.

También existen otras opciones de traslado: autobuses que paran a la salida de cada terminal, con opción de llevar 2 maletas por pasajero. Taxis con capacidad máxima de 4 pasajeros. Los trenes en el Aeropuerto de Madrid utilizan la vía del Metro. Las principales líneas de alta velocidad no llegan al Aeropuerto, pero están a sólo unos pocos minutos del Metro. Y también hay el alquiler de coches para aquellos que se desplazan a una distancia superior a 50 km, pero que no se recomienda para los que se van a quedar en el centro de Madrid. Como ve, todo de acuerdo con su bolsillo.

Fuente: Adaptado de AEROPUERTO de Madrid – MAD, 2013.

ACTIVIDAD

4. Por favor, utilice el tiempo Futuro para completar el texto.

_____ (Organizar – yo) mi viaje a España e _____ (ir) con mi marido y mis dos hijos. El programa _____ (ser) así: _____ (nosotros – salir) de nuestra casa e _____ (ir) al aeropuerto con las tres horas de anticipación solicitada. Allí _____ (tomar) el avión. Después _____ (aterrizar) en el aeropuerto de Barajas, que está cerca de Madrid. Cuando lleguemos, _____ (nosotros, coger) un taxi hasta el centro de la ciudad. En Madrid, _____ (visitar) los principales lugares turísticos y después _____ (alquilar) un coche. _____ (Ir) a Barcelona y _____ (visitar) otras ciudades que queden en el camino. _____ (Comprar) algunos regalos para traer a los parientes y amigos, _____ (probar) las comidas típicas, como la paella y la cazuela de mariscos o valenciana y _____ (beber) vinos de la región. Me _____ (gustar) tomar un buen vino jerez. Después de quince días de paseos, _____ (coger) de nuevo el avión y _____ (volver) a casa.

¡Qué rico, _____ (estar – yo) contando los días para hacer nuestro viaje!

AEROPUERTOS

Hay adultos que sueñan a menudo con aeropuertos, aman la sensación de mundanidad que tienen en él, el arrullo de los parlantes que anuncian vuelos, el hecho de ser mecidos por las alas de un avión que los traslada casi imperceptiblemente.

Los hay que llegan a último momento, olvidando promesas y maletas; dan la sensación de ser livianos, de que, al subir al avión, se desprenderán del pasado, como de un abrigo gastado. Entonces, la azafata dice: "abróchense bien los cinturones" y el hombre, por fin, suspirando, ata aquello que ha estado a punto de perder.

Los hay, en cambio, que llegan al aeropuerto con mucho tiempo por delante: somnolientos, como bajo el efecto de una droga suave, habitan

> en el aeropuerto como si fuera el útero materno: estiran las piernas, bostezan, sonríen beatíficamente, fuman lentos cigarros, leen revistas, miran hacia fuera a través del vidrio.

Fuente: PERI-ROSSI, 1984.

AMPLÍE SU VOCABULARIO

Conecte los significados, después elabore una frase utilizando verbos en tiempo Futuro.

1) **azafata**   a) abrir la boca con un movimiento involuntario.
2) **soñar**   b) imaginar mientras se está durmiendo.
3) **arrullar**   c) mover de un lado a otro una cosa.
4) **mecer**   d) pesadez y torpeza de los sentidos, provocada por el sueño.
5) **abrochar**   e) cantar o hacer un ruido suave para dar o provocar sueño.
6) **somnolencia**   f) unir o sujetar con cuerdas.
7) **atar**   g) cerrar o ajustar una cosa, especialmente prenda de vestir.
8) **bostezar**   h) persona que se dedica a prestar ayuda en un avión o tren.

4.2 EL CONDICIONAL

Expresa un hecho irreal, pero posible y probable de realizarse en el futuro.

- El Condicional se forma tomando el verbo en el tiempo *futuro* y se cambia la terminación por ía.

SE USA COMO

- Forma de cortesía: *¿Podría ver los folletos?*
- Hipótesis de futuro: *Me gustaría hacer algo distinto.*
- Frase indirecta: *Dijo que este coche me duraría toda la vida.*

ACTIVIDAD

5. Complete los espacios utilizando el tiempo Condicional. Elabore una introducción, organice la entrevista y finalice el diálogo siguiente.

   a) _____ (Deber, nosotros) hacer más propaganda para darnos a conocer.

   b) Si tienes ideas, quizás _____ (poder, tú) hacerte cargo de la nueva campaña publicitaria.

   c) Lo que no debe olvidar es el gran beneficio que le _____ (aportar) utilizar nuestros productos.

   d) ¿_____ (Poder) visitarla en su despacho?

   e) ¿Le _____ (ir) bien el próximo jueves a las 3 de la tarde?

ACTIVIDAD EN GRUPO

Nos encontramos en el aeropuerto. En la sala de espera vemos lo siguiente:

~ Una señora, en silla de ruedas, con su nieta, que va a visitar a su hija que está en México.
~ Un ejecutivo en viaje de negocios.
~ Una pareja de recién casados en viaje de luna de miel a Cancún.
~ Un hombre casado que va a reunirse con su familia para pasar la Navidad.
~ Tres estudiantes que quieren practicar su segunda lengua (Español) y hacer turismo en Ciudad de México.
~ Una mujer que va a pagar una promesa a la Virgen de Guadalupe.
~ Un político famoso.
~ Un médico.

La azafata anuncia la siguiente situación: los coordinadores de vuelo de la empresa están en huelga. Por lo tanto, el servicio de aviones será reducido al mínimo. Sólo quedan diez plazas disponibles en el avión con destino a México.

INSTRUCCIONES

Divídanse en parejas o pequeños grupos, de acuerdo con el número total de participantes. En cada equipo se elegirá sólo un representante, al que se le asignará una de las sillas disponibles en el avión para el vuelo a México. El representante elegido, deberá argumentar, frente a todo el grupo, las razones que lo hacen merecedor de una de las plazas disponibles y representará un personaje, que deberá presentar argumentos poderosos para quedarse con una de las plazas disponible.

Preparen por escrito esa defensa y utilicen los verbos en el tiempo Futuro y Condicional.

VIAJAR EN TREN

Si en tu viaje por España estás pensando hacer un buen viaje en tren, lo primero será consultar las muchas ofertas para el destino deseado, los horarios y el mejor precio. Existen dos opciones: o compras el billete en taquilla o a través de una agencia de viajes autorizada. Otra buena alternativa es llamar al servicio telefónico de información y venta de billetes de Renfe (tel. 902 24 02 02). Funciona muy bien, ininterrumpidamente, todos los días de la semana, entre las 4h45 y las 23h45. Puedes reservar el billete o comprarlo facilitando a la operadora el número de tu tarjeta de crédito. Recuerda, que una vez a bordo, cada viajero es responsable de su propio equipaje: la seguridad sobre tus pertenencias corre de tu cuenta, sobre todo en las estaciones intermedias – pueden suceder muchos robos.

Hay quienes prefieren viajar en tren. En tren, uno se levanta, va al bar, habla con el compañero de asiento y sobre todo va viendo por la ventanilla el paisaje variado. Generalmente, por razones de tiempo, muchas personas prefieren otro medio de transporte.

Fuente: VIAJAR en tren..., 2008; OREJUDO, 2013.

4.3 USO DEL MUY/MUCHO

SE USA MUY

- Antes de adjetivos: alto, bajo, fácil, difícil, etc.
    Mi hijo es muy alto, en cambio su hermana es muy baja.
- Antes de adverbios: bien, mal, tarde, temprano, cerca, etc.
    Vivo muy cerca del trabajo por eso llego temprano, pero el presidente sí vive muy lejos.

SE USA MUCHO (A)(OS)(AS)

- Antes y después de verbos:
    El director de mercadeo trabaja mucho, dice el jefe.
    El que mucho habla poco escucha.
- Antes de cuatro adjetivos: mejor, peor, mayor, menor:
    Mucho mejor llegar temprano al trabajo.
    Mucho peor no hacer lo que el jefe manda.
    El problema se hace mucho mayor cuando se miente.
    La crisis de nervios es mucho menor si te relajas.
- Antes de cuatro adverbios: más, menos, antes, después.
    Mucho más bonito este cuadro que el otro.
    Este me gustó mucho menos.
    Mucho antes de que llegara, el jefe yo ya había llegado a la oficina.
    Hoy me levanté mucho después de haber sonado el despertador.

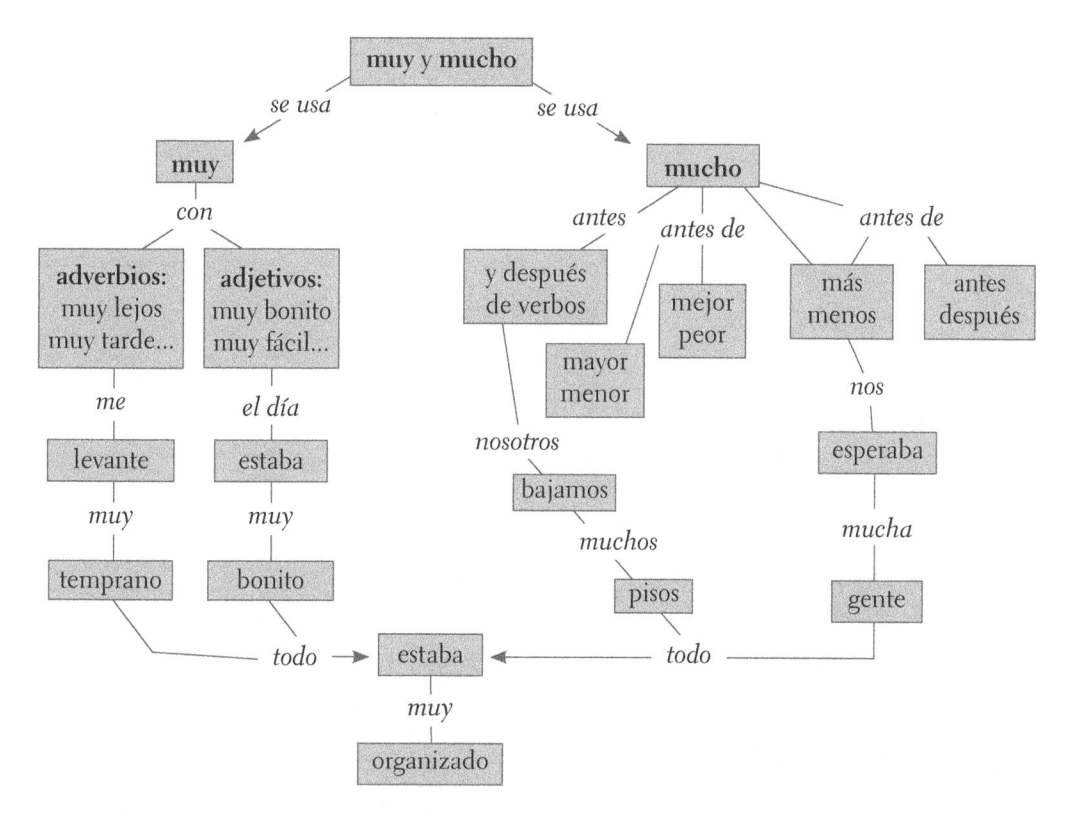

Mapa conceptual: Uso del muy y mucho

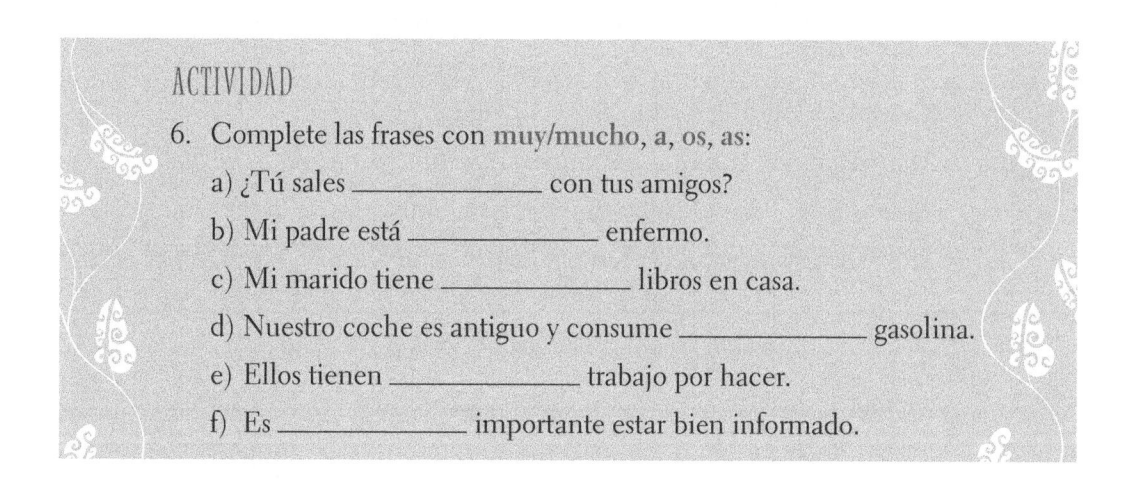

```
                    muy y mucho
              se usa  /      \  se usa
                    muy      mucho
                con /         | antes, antes de, antes de
      adverbios:  adjetivos:   y después    mejor    más     antes
      muy lejos   muy bonito   de verbos    peor     menos   después
      muy tarde…  muy fácil…                mayor
                                            menor
          me │       │ el día    nosotros           nos
         levante   estaba         bajamos         esperaba
           │ muy    │ muy          │ muchos        │ mucha
         temprano  bonito          pisos           gente
              todo →  estaba  ← todo
                       │ muy
                    organizado
```

ACTIVIDAD

6. Complete las frases con **muy/mucho, a, os, as**:

   a) ¿Tú sales _____ con tus amigos?

   b) Mi padre está _____ enfermo.

   c) Mi marido tiene _____ libros en casa.

   d) Nuestro coche es antiguo y consume _____ gasolina.

   e) Ellos tienen _____ trabajo por hacer.

   f) Es _____ importante estar bien informado.

BUENO, (A)(OS)(AS)

- Funciona como cualquier adjetivo calificativo, pierde la o cuando va ante un nombre masculino singular:

    Rafael es muy bueno con el mensajero de la empresa.
    Rafael es un buen hombre.
    Fumar no es bueno.

BIEN

- Es un adjetivo y modifica al verbo:

    Así está bien.

ACTIVIDAD

7. Complete las frases con bueno(a)/ buen/ bien:
   a) Éste es un _____ trabajo, ¡felicitaciones!
   b) Esta ropa te queda muy _____ .
   c) Mi ordenador no es tan _____ como el de mi jefe.
   d) El gerente ha hecho un _____ negocio.
   e) La madre de Juan dice que su hijo es muy _____ .
   f) Es _____ comer muchas verduras.

8. Complete con mucho(a)(os)(as)/ muy/ bueno(a)/ bien:
   Hoy me levanté _____ temprano. Me fui a la oficina _____ de prisa. Allí me esperaba mi jefe, que estaba _____ agitado. Hoy tenemos la vista del presidente de la compañía. En la empresa había _____ gente. Todo estaba _____ agitado. Vi un coche _____ grande llegar despacio al edificio. Mi jefe salió _____ rápido. Yo lo seguía _____ de cerca, con los documentos en la mano. Bajamos _____ pisos por el ascensor hasta la puerta de entrada. Abajo nos esperaba _____ gente de la comisión de recepción. Todo estaba _____ organizado. Al presidente, todo le pareció _____ y se fue _____ satisfecho, dejando a mi jefe _____ optimista. Parece que quiere hacer _____ inversiones en nuestra sede. El gerente nos convocó a todos y nos dio un aumento de sueldo. Todos quedamos _____ felices.

VIAJAR EN AUTOBÚS

El riesgo en el transporte colectivo es 30 veces inferior al del particular. En los últimos 10 años, en España, han muerto 404 personas en accidentes de autobús, la cifra más elevada de toda Europa. El segundo lugar lo ocupa el Reino Unido y el tercero, Francia. Así se recoge en un estudio del Real Automóvil Club de Cataluña (RACC), que, sin embargo, deja claro que viajar en autobús no es tan peligroso como parece. Una de las ventajas de viajar en autobús es su economía. Te diviertes viendo el paisaje por las ventanas. Si vas con amigos, haces relajo y no deja de ser una medida ambientalista, en lugar de llevar tu coche. Pero, si tienes prisa en llegar o si tus vacaciones son cortas, es mejor que viajes por otro medio de transporte.

Fuente: Adaptado de OLIVERAS, 2006.

4.4 ADJETIVOS/PRONOMBRES INDEFINIDOS

El pronombre indefinido reemplaza al adjetivo indefinido y el sustantivo que aquél modifica. No describe ninguna característica del sustantivo, sino que sólo indica cantidad.

INDEFINIDOS INVARIABLES
ALGUIEN Y NADIE

Se refieren a personas, son invariables y van con el verbo en singular.

>*¿Ha venido alguien a buscar la correspondencia?*
>*No, todavía no ha venido nadie.*
>*¿El jefe ha invitado a alguien de la dirección para la reunión?*
>*No, no ha invitado a nadie.*

ALGO Y NADA

Se refieren a cosas y son invariables.

>*¿Te provoca algo mientras esperas?*

No gracias, no quiero nada.

De cumpleaños, regálale a tu amigo algo original.

No encuentro nada interesante.

PRONOMBRES Y ADJETIVOS
ALGUNO(A)(OS)(AS) Y NINGUN(O)(A)

Se refieren a personas y a cosas. Pierden la o delante de un nombre masculino singular y entonces lleva tilde.

Tengo varios diccionarios. ¿Quieres alguno?

¿Quieres que te preste algún diccionario?

DEMASIADO Y BASTANTE

Pueden ir delante de adjetivos y adverbios.

Inés es demasiado joven para ser la presidenta de la junta directiva.

No quiero trabajar en esa empresa, está demasiado lejos de mi casa.

Ese tipo no es bastante competente para ser mi jefe.

Trabaja bastante bien. A mí, me gusta.

ACTIVIDAD

9. Conteste a las siguientes preguntas, usando adjetivos o pronombres indefinidos.

   a) ¿Han venido muchas(os) candidatas(os) al cargo de psicóloga(o)?
   _____.

   b) ¿Gana usted mucho dinero?
   _____.

   c) ¿El jefe bebe demasiado café?
   _____.

   d) ¿Hay alguien en el despacho del jefe?
   _____.

   e) ¿Ha comprado algunas corbatas nuevas?
   _____.

f) ¿No hay nadie en el pasillo?
_____.

g) ¿Ha cogido todo el dinero que el banco le prestó?
_____.

h) ¿Tiene muchas posibilidades de pasar la prueba?
_____.

i) ¿Hay alguna plaza libre en su empresa?
_____.

j) ¿Hace usted algo después del trabajo?
_____.

k) ¿Oyes algo?
_____.

l) ¿Tienes algún secreto que quieras contarme?
_____.

VIAJAR EN COCHE

Cada verano y días festivos, millones de vehículos inundan las carreteras. Para disfrutar de un buen viaje, debemos revisar a fondo nuestro coche antes de partir y cumplir de forma rigurosa las normas de circulación. Conviene programar con antelación un plan de viaje: las vías por las que nos vamos a desplazar, elegir las horas con menos densidad de tráfico y conocer las condiciones meteorológicas. Debemos comprobar que todos los documentos estén en regla: permiso de conducir, Tarjeta de Inspección Técnica y certificado del seguro. La víspera del viaje, hay que procurar dormir lo suficiente. Antes de partir y durante el trayecto, evitaremos las comidas copiosas, ya que provocan amodorramiento y digestiones pesadas. Y por supuesto, debemos abstenernos de tomar cualquier bebida alcohólica. La vida es siempre el mejor de los viajes.

Buen viaje, ¡hasta pronto!

Fuente: Adaptado de PREPARATIVOS para viajar, 2013.

ACTIVIDAD

10. Conteste a las siguientes preguntas:

　a) ¿Le gusta conducir?
　_____.

　b) ¿Prefiere los coches grandes o los pequeños?
　_____.

　c) ¿Cuál es su coche favorito?
　_____.

　d) ¿Sabe reparar alguna avería en su coche?
　_____.

　e) ¿Dónde acostumbra aparcar su coche generalmente?
　_____.

　f) ¿Le gusta correr? ¿Se enfada mucho al volante?
　_____.

EL AUTOMÓVIL

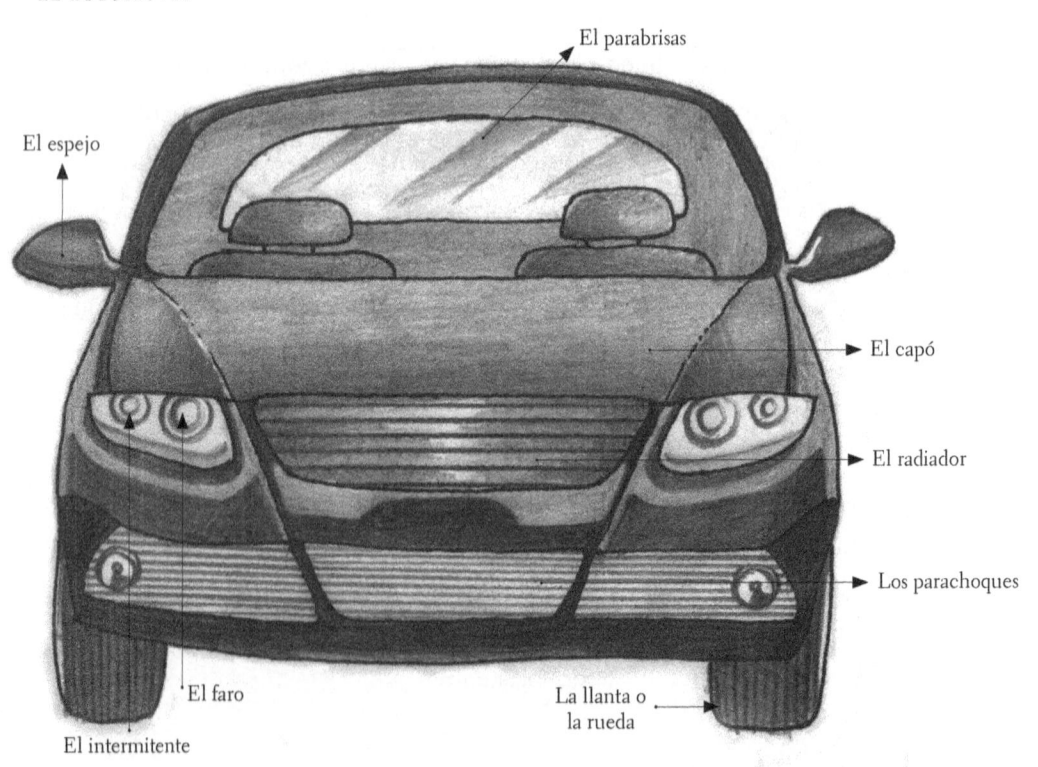

- El parabrisas
- El espejo
- El capó
- El radiador
- Los parachoques
- El faro
- La llanta o la rueda
- El intermitente

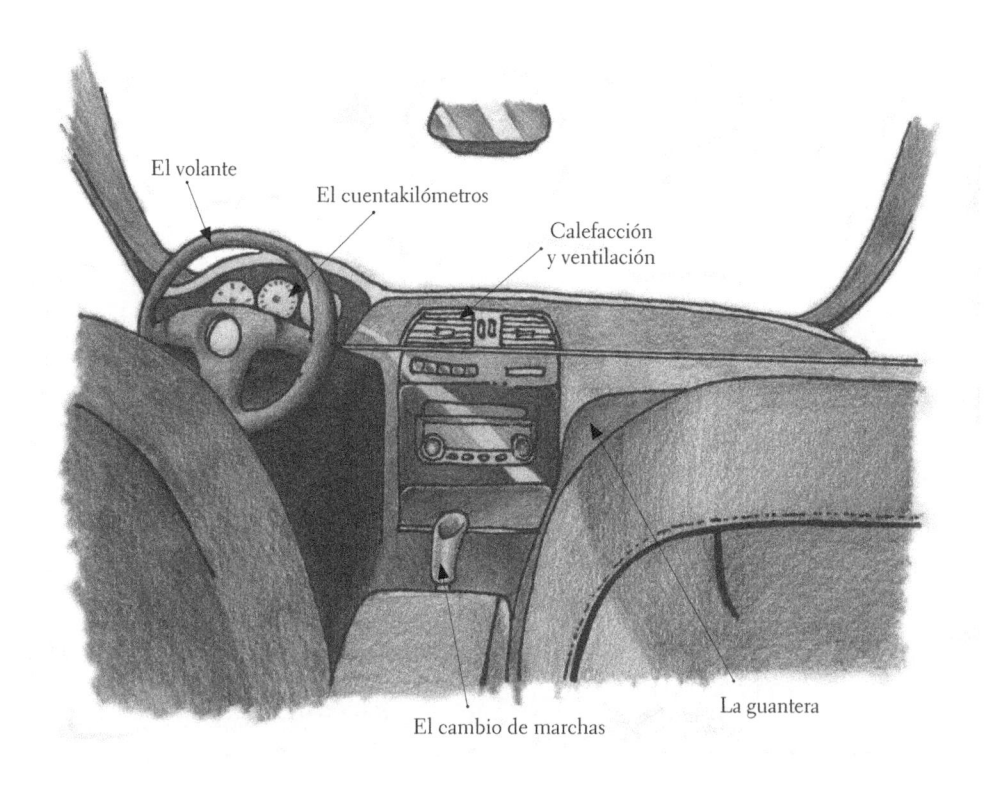

El volante
El cuentakilómetros
Calefacción y ventilación
El cambio de marchas
La guantera

AMPLÍE SU VOCABULARIO

EL COCHE

aceite: *óleo*

aire acondicionado: *ar condicionado*

aparcamiento: *estacionamento*

baca/parrilla: *estrutura metálica que se coloca sobre o teto do carro*

bujías: *velas*

carretera: *estrada*

chocar/estrellarse: *bater*

gato: *macaco*

gasolinera: *posto de gasolina*

grúa: *guincho*

llanta/rueda: *pneu*

pinchar: *furar o pneu*
tornillo: *parafuso*
tráfico: *tráfego*
enfadar: *aborrecer*
avería: *daño*

ACTIVIDAD

11. Complete la frase con la palabra más apropiada:

    baca – chocar – repuesto – limpiaparabrisas – gato

    a) ¿Llevas las bujías de _____ ?

    b) Está lloviendo y llevas los vidrios sucios, ¿por qué no pones el _____ ?

    c) Coloca la bicicleta en la _____ .

    d) Para cambiar la llanta del coche debes colocar el _____ .

    e) Si vas muy rápido, nos vamos a _____ contra un camión.

COMPARACIONES CON VERBOS

Aburrirse más que una ostra.

Beber más que un cosaco/ que una cuba.

Correr más que un galgo.

Dormir más que un lirón/ una marmota/ un tronco.

Hablar más que una cotorra/ que un loro.

Llorar más que un niño.

Querer a alguien más que a la niña de sus ojos.

Tener/pasar más hambre que un maestro de escuela.

Guarda a tu amigo bajo la llave de tu propia vida.

W. Shakespeare
(1564-1616)

CAPÍTULO 5

¿CON QUÉ
ROPA VOY?

> *Quien arriesga y se equivoca puede ser perdonado. Quien nunca arriesga y nunca se equivoca es un fracaso en todo su ser.*
>
> Paul Tillich
> (1886-1965)

Depende de la ocasión, pero, en general, un ejecutivo debe estar siempre "de punto en blanco", pues es la carta de presentación de la institución donde trabaja. Sería prudente tener en cuenta las siguientes observaciones:

No como si estuvieran en un desfile de modas, pero sí con sobriedad; las mujeres, sin escotes, ni minifaldas, ni ropa muy estrecha o transparente, sólo de la manera más conveniente y oportuna como para recibir cada día a cualquier persona que llegue a la oficina, desde presidentes de empresas, gerentes, ejecutivos, hasta al de condición más humilde, que merece el mismo trato y respeto.

No como si acabaran de salir de la peluquería a toda hora, pero sí con el cabello limpio, bien peinado y puesto en su sitio.

No como si fuera una vitrina ambulante de accesorios, pero sí con aderezos (collar, aretes, anillos, pulseras) discretos y acordes con la ropa y el sitio de trabajo.

No con maquillaje fuerte, pero sí con colores suaves y neutros, que den aspecto de salud, bienestar y alegría.

En fin, de tal manera que atraiga la atención de la gente por su conjunto armonioso, agradable y equilibrado – desde lo externo, desde lo que se ve. Aún mucho más importante a tener en cuenta, es que esa sencillez y elegancia denoten, sobre todo, la belleza y equilibrio interior, la madurez y respeto por sí misma, su empresa y las demás personas.

ACTIVIDAD

1. Por favor, marque la vestimenta de su entrevista de trabajo. Estudie el vocabulario que está a continuación.

   ( ) traje de falda   ( ) zapatos de tacón alto
   ( ) traje de pantalón   ( ) zapatos de tacón bajo
   ( ) vestido   ( ) medias de seda
   ( ) bufanda   ( ) botas
   ( ) pañuelo   ( ) sombrero
   ( ) Otras

AMPLÍE SU VOCABULARIO

talla, medida número: tamanho
grandes almacenes: centro comercial
ancho/estrecho: largo/justo
collar: colar
bolsillos: bolsos
tacón alto/bajo: salto alto/baixo
horma: forma
apretar: apertar
el traje: traje
vestido: vestido
chaqueta: jaqueta
saco: paletó
abrigo: casaco
bufanda: cachecol
guantes: luvas
botas: botas
pañuelo/pañueleta: lenço
aretes/pendientes: brincos
pantalón: calça

pantalones vaqueros: calça jeans
pantalones de pana: calça de veludo
gorro: boné
calcetines: meias
calzoncillos: cuecas
bragas/calzones: calcinha
camiseta: camiseta
sujetador/sostén: sutiã
falda: saia
bañador: traje de banho
corbata: gravata
sombrero: chapéu
medias de seda: meias de seda
tienda: loja
dependiente: vendedor
zapatillas/tenis: tênis
jersey/suéter/saco: blusa de frio
anillo: anel
sastre: conjunto de calça ou saia

5.1 EL SUBJUNTIVO

El Subjuntivo es un modo del verbo que indica que una acción es concebida como subordinada a otra. Es el modo de la subjetividad, en contraposición al Indicativo, que es el modo de la realidad. Posee diferentes tiempos y diferentes sentidos.

– *Pues, mira, mi hija que es abogada está buscando empleo.*
– *Ojalá tenga suerte y lo encuentre pronto.*

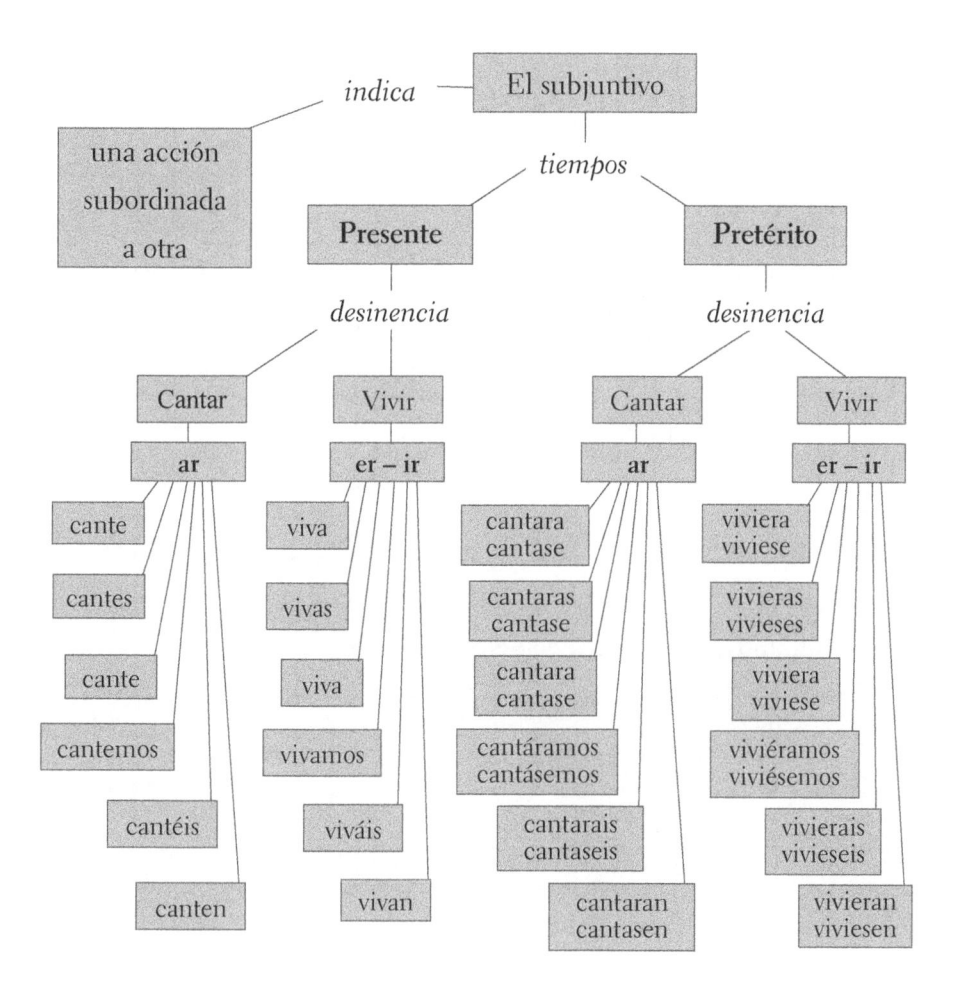

```
                        indica ─── El subjuntivo
         una acción                    │
        subordinada                 tiempos
           a otra              ┌───────┴───────┐
                           Presente         Pretérito
                           desinencia       desinencia
                          ┌────┴────┐      ┌────┴────┐
                        Cantar    Vivir   Cantar    Vivir
                          ar     er – ir    ar     er – ir
                         cante    viva   cantara   viviera
                                         cantase   viviese
                         cantes   vivas  cantaras  vivieras
                                         cantase   vivieses
                         cante    viva   cantara   viviera
                                         cantase   viviese
                        cantemos vivamos cantáramos viviéramos
                                         cantásemos viviésemos
                         cantéis  viváis cantarais  vivierais
                                         cantaseis  vivieseis
                         canten   vivan  cantaran   vivieran
                                         cantasen   viviesen
```

Mapa conceptual: El subjuntivo

PRESENTE DE SUBJUNTIVO

En general, el Presente de Subjuntivo se emplea como en Portugués.

- Con verbos regulares e irregulares la desinencia es:

Pronombre	Yo	Tú	Él	Nosotros	Vosotros	Ellos
Terminación	a – e	as – es	a – e	emos – amos	éis – áis	en – an
Amar	ame	ames	ame	amemos	améis	amen
Comer	coma	comas	coma	comamos	comáis	coman
Vivir	viva	vivas	viva	vivamos	viváis	vivan

- Con verbos irregulares, los verbos que cambian sus vocales en el Presente de Indicativo también lo hacen en el Presente de Subjuntivo:

Pronombre	Yo	Tú	Él	Nosotros	Vosotros	Ellos
Terminación	a – e	as – es	a – e	emos – amos	éis – áis	en – an
Querer	quiera	quieras	quiera	queramos	queráis	quieran
Poder	pueda	puedas	pueda	podamos	podáis	puedan
Pedir	pida	pidas	pida	pidamos	pidáis	pidan

ACTIVIDAD

2. Complete los espacios en blanco, conjugando el verbo en el Subjuntivo, de acuerdo con el cuadro anterior.

Pronombre	Yo	Tú	Él	Nosotros	Vosotros	Ellos
Terminación	a – e	as – es	a – e	emos – amos	éis – áis	en – an
Jugar						
Volar						
Sentir						

- Cuando la irregularidad en el Presente de Indicativo es en la primera persona, en el Presente de Subjuntivo, continúe siendo en todas las personas:

Pronombre	Yo	Tú	Él	Nosotros	Vosotros	Ellos
Terminación	a – e	as – es	a – e	emos – amos	éis – áis	en – an
Poner	ponga	pongas	ponga	pongamos	pongáis	pongan
Acercar	acerque	acerques	acerque	acerquemos	acerquéis	acerquen
Coger	coja	cojas	coja	cojamos	cojáis	cojan

- Otros verbos irregulares:

Pronombre	Yo	Tú	Él	Nosotros	Vosotros	Ellos
Terminación	a – e	as – es	a – e	emos – amos	éis – áis	en – an
Estar	esté	estés	esté	estemos	estéis	estén
Haber	haya	hayas	haya	hayamos	hayáis	hayan
Ir	vaya	vayas	vaya	vayamos	vayáis	vayan

ACTIVIDAD

3. Complete los espacios en blanco, conjugando el verbo en el Subjuntivo, de acuerdo con el cuadro anterior.

Pronombre	Yo	Tú	Él	Nosotros	Vosotros	Ellos
Terminación	a – e	as – es	a – e	emos – amos	éis – áis	en – an
Jugar						
Volar						
Sentir						

TIPOS DE VESTUÁRIO

ACTIVIDAD

4. Por favor, conjugue los verbos entre paréntesis en Presente de Subjuntivo.

_____ (Contar, tú) con prendas básicas para componer conjuntos que _____ (poder, tú) cubrir tus necesidades en cuanto a los diferentes tipos de vestuario.

ETIQUETA

Durante el día, _____ (usar, tú) el vestido corto, medias finas y sombreros, pamelas que son sombreros de paja, bajos de copa y anchos de alas, que se usan especialmente en el verano. Para la noche, _____ (usar) vestido largo o traje largo de noche. Se deben utilizar zapatos de tacón alto. El bolso muy pequeño de metal, carey, tela, etc. Pocas joyas, pero de calidad.

VESTUARIO FORMAL

Trajes de chaqueta y vestidos de cóctel, que _____ (poder – ellos) ser de una o dos piezas. Las telas (en función de la época del año, seda, lana, algodón, hilo, etc.) _____ (Vestir) con medias y zapatos de medio tacón. El bolso, a ser posible, haciendo juego con los zapatos, de tamaño medio, tirando a pequeño. Un complemento ideal para un vestuario formal son los pañuelos de seda y los chales. _____ (Usar) joyas pocas y sencillas. Un collar de perlas realza mucho cualquier traje de chaqueta. Un broche o camafeo también es una buena elección.

VESTUARIO INFORMAL

Trajes de chaqueta, combinaciones de blusa o falda, blusa o pantalón y vestidos de una o dos piezas cortos. Zapatos de medio tacón y bolsos de tamaño medio a grande. _____ (Utilizar) tanto joyas como bisutería. Los diseños pueden ser algo más atrevidos que para un vestuario formal.

SPORT

Camisetas, polos, vaqueros, jersey, camisas, etc. Zapatos bajos o de poco tacón, bolsos grandes y pocos complementos, mejor bisutería. Para el día, _____ (utilizar) fragancias más frescas y suaves (aguas de colonia o perfumes suaves). Para la noche, _____ (utilizar) perfumes de aroma más intenso.

Fuente: Adaptado de VESTUARIO ideal, 2013.

Etiqueta   *Sport*   Formal   Informal

USOS DEL SUBJUNTIVO

El modo Subjuntivo se utiliza para expresar inseguridad, futuro, deseos y otros sentimientos.

- Con quizá y tal vez, se expresa posibilidad o hipótesis:

    Cuando salga de la oficina, tal vez vaya a tu casa.

    Quizá mi jefe no venga hoy a trabajar. Dice que le sienta mal el sereno.

- Con ojalá se expresa deseo:

    Ojalá no pueda.

ACTIVIDAD

5. Por favor, conjugue el verbo entre paréntesis en Presente de Subjuntivo.

    a) Necesito salir de compras. Ojalá _____ (tener) dinero.

    b) Mañana iré al médico y estaré sin coche. Tal vez _____ (poder) llevarte.

    c) La chica del lado está pálida. Quizá _____ (estar) enferma.

    d) ¿Tú sabes si Andrés es buen jefe? Tal vez lo _____ (ser).

    e) Tengo que tomar el avión que hace conexión. Ojalá no se _____ (atrasar).

    f) Quiero que vengas a mi fiesta. Quizá _____ (ir).

LOCUCIONES QUE RIGEN EL PRESENTE DE SUBJUNTIVO

Las locuciones son combinaciones fijas de palabras que funcionan como una oración o elemento de ésta y que tienen un sentido unitario.

Quiero:	*Quiero que conquistes muchos triunfos en tu vida profesional.*
Tal vez:	*Tal vez ella quiera trabajar con nosotros en este proyecto.*
Quizá:	*Cuanto tenga tiempo, quizá vaya a visitar a mis amigos.*
No creo que:	*No creo que haya cambiado mucho con su nuevo cargo.*
Es necesario que:	*Es necesario que leas muchos libros para escribir tu tesis.*
Es bueno que:	*Es bueno que hagas tu trabajo antes de que te lo pidan.*
Es posible que:	*Es posible que viaje este año a un país de habla hispana.*
Posiblemente:	*Posiblemente duerma en tu casa para evitar salir tarde a la calle.*
Probablemente:	*Probablemente el jefe nos aumente el sueldo este mes.*

Cuando: *Cuando encuentre un buen empleo, me esforzaré por conservarlo.*
Mientras: *Mientras tenga dinero, puede hacer lo que quiera.*
Aunque: *Aunque sea por un momento, no iré.*

CÓMO COMBINAR LOS COLORES

El blanco, teóricamente, combina con el resto de colores, aunque no es conveniente combinarlo con colores claros. Suele ser apropiado para mujeres, o caballeros en ambientes tropicales.

El negro combina fácilmente con la mayoría de colores, salvo con colores muy oscuros, como el marrón oscuro o azul noche, o tratar de llevar distintos tonos de negro. Es el color de la elegancia (frac, esmoquin, traje de noche) y del luto.

El marrón combina muy bien con otros tonos de su propio color (beiges, tierras, arenas, etc.). Es un color fundamental en los vestuarios femeninos. En cambio, en el masculino ha sido desplazado por los grises y los azules.

El gris es uno de los colores que dominan el vestuario masculino. Combina bastante bien con casi todos los colores, como el negro, azul y tonos de rojo. También combina con tonos de verdes y algunos marrones. Y combina muy bien con distintos tonos de su propio color. Es serio, discreto y elegante.

El azul combina, perfectamente, con muchos otros colores, como el blanco, los derivados del rojo, algunos tonos de gris y crema (beige). Por norma general, es más utilizado en colores oscuros, como el azul noche o el azul marino.

Fuente: Adaptado de COMBINAR colores..., 2013.

VERBOS QUE RIGEN EL SUBJUNTIVO

Las oraciones subordinadas dependientes de verbos que sirven para expresar deseo, necesidad o mandato, pueden llevar el verbo en Subjuntivo, cuando el sujeto de los dos verbos no es el mismo.

decir: *Te digo que no vengas porque estamos resfriados.*
querer: *Quiero que te pongas en mi lugar una vez en la vida.*

exigir: *Le exijo que cumpla con los horarios establecidos por la empresa.*
aconsejar: *Te aconsejo que digas la verdad para evitar futuros problemas.*
mandar: *Te mando que traigas aquel documento inmediatamente.*
desear: *Os deseo que tengáis la mayor felicidad del mundo.*
dudar: *Dudo que el jefe acepte nuestra propuesta.*
creer: *Creemos que ahora sí él vaya a trabajar a otra ciudad.*

LO QUE SE DEBE EVITAR EN EL VESTUARIO

- Combinar más de tres o cuatro colores a la vez.
- Combinaciones de cuadros con rayas.
- Estampados muy similares en dos prendas.
- Usar una sola pieza de un traje para que una de ellas no se desgaste más.
- Las mujeres altas, vestidos con muchos vuelos.
- Las mujeres bajas, ropas amplias que les hacen más bajitas.
- Dejar a la vista la ropa interior.

PRETÉRITO IMPERFECTO DE SUBJUNTIVO

El Pretérito Imperfecto de Subjuntivo se forma sobre la tercera persona del plural del Pretérito Indefinido del Indicativo. Hay dos formas que se pueden usar invariablemente.

Ejemplos: cantara o cantase, viviera o viviese.

Verbos terminados en ar = ara o ase:

cantara – cantaras – cantara – cantáramos – cantarais – cantaran

cantase – cantases – cantase – cantásemos – cantaseis – cantasen

Me gustaría que cantara en la fiesta.
Me gustaría que cantase en la fiesta.

Verbos terminados en er – ir = iera o iese:

bebiera – bebieras – bebiera – bebiéramos – bebierais – bebieran

viviese – vivieses – viviese – viviésemos – vivieseis – viviesen

Si bebieras mucha agua, no tendrías problemas de salud.
Me gustaría que vivieses en otra ciudad.

VERBOS IRREGULARES

andar = anduviera o anduviese
dar = diera o diese
ser = fuera o fuese
tener = tuviera o tuviese
hacer = hiciera o hiciese
poder = pudiera o pudiese
poner = pusiera o pusiese
querer = quisiera o quisiese
saber = supiera o supiese
traer = trajera o trajese
caber = cupiera o cupiese
ir = fuera o fuese
venir = viniera o viniese

ACTIVIDAD

6. Complete los espacios en blanco utilizando las dos formas de construcción del Pretérito Imperfecto de Subjuntivo.

   a) Me mudaría a una casa si (tener, yo), _____ o _____ una familia grande.

   b) Estudiaría más si no (andar, yo), _____ o _____ hasta la universidad.

   c) Sería maravilloso si (ser), _____ o _____ verdad.

   d) Te lo diría si lo (saber, yo), _____ o _____ .

   e) Viajaría si (poner), _____ o _____ dinero en mi cuenta.

Si + Imperfecto de Subjuntivo… + Condicional = Condicional Irreal

Condición: si + Imperfecto de Subjuntivo:

Le ocurriera un percance a mi jefe + No sé lo que pasaría. (Condicional Irreal)

La frase completa es:

Si le ocurriera un percance a mi jefe, no sé lo que pasaría.

Con los pronombres reflexivos me / te / se... + que + Pretérito Imperfecto de Subjuntivo, es así:

Me gustaría que mis hijos llegasen temprano a casa.
Me gustaría que tuvieras más paciencia conmigo.

ACTIVIDAD

7. Manifieste diez deseos utilizando me gustaría que + Subjuntivo.

   Me gustaría que comprara una casa nueva.
   Me gustaría que escribieses más cartas a tus padres.

   a) _____
   b) _____
   c) _____
   d) _____
   e) _____
   f) _____
   g) _____
   h) _____
   i) _____
   j) _____

¿QUÉ ESTILO DE ROPA PUEDO USAR?

Pocas prendas ayudan a montar un vestuario interesante. Es mejor poco y bueno.

ESTILO FORMAL:

Hombres: siempre de traje completo. Colores clásicos, como azul marino y gris. La camisa puede ser blanca, azul, lisas o con listas discretas.

Mujeres: sastre de pantalón o falda, blazer o chaqueta. Camisa de colores discretos. Pañuelo en el cuello, un chal o bufanda.

ESTILO CLÁSICO MODERNO:

Hombres: pantalón y blazer, con camisa y sin corbata. También con camiseta polo. Mujeres: falda y pantalón con tejido de sastrería, camisa blanca o de colores como azul y rosado, con pequeños estampados discretos. Conjuntos de blusa y suéter (de lana, algodón o seda) ayudan a completar el vestuario. Los accesorios deben ser moderados.

PARA UNA BODA:

El vestuario femenino para una boda debe atenerse a estas reglas: Durante el día, se viste de corto y con medias. Zapatos de tacón alto o medio. Se pueden lucir sombreros, pamelas y otros complementos o tocados más atrevidos para el pelo. Bolso medio a pequeño. Durante la noche (también, última hora de la tarde), se viste de largo, con medias finas y zapatos de tacón alto. Pocas joyas, y de calidad. Bolso de mano, muy pequeño.

Fuente: Adaptado de: VESTUARIO femenino..., 2013; VESTUARIO ideal..., 2013.

Seleccione el tipo de ropa que usaría para ir a la fiesta de final de año de la empresa y a la boda de la hija de su jefe. Describa el color, el material y los accesorios. Comparta sus respuestas con sus compañeras(os).

5.2 LAS PREPOSICIONES

Las preposiciones van delante del nombre al que acompañan. Las principales son:

a ante bajo con contra de desde en	entre hacia hasta para por según sin sobre tras

A y de antes de el = a + el = al
de + el = del

A

La preposición a va antes de infinitivo y después del verbo ir. Se usa para expresar destino, hora, objetivo, finalidad, complemento indirecto y complemento directo de personas

Busca a un secretario eficiente.

Mi trabajo empieza a las ocho.

Va a escribir una carta.

Voy a escribir los informes de contabilidad.

Quiere más a su dinero que a su familia.

CON

Expresa compañía, instrumento/modo:

Trabaja con su marido.

La planilla de costos la hace con la mano.

La secretaria organiza todo con mucho ánimo.

DE

Expresa posesión, material, origen en el tiempo y el espacio, modo, momento del día, datos de una descripción:

Este libro es de la biblioteca.

Quiero comer un helado de fresa.

Estas esmeraldas son de Colombia.

A las 10 de la mañana, tengo reunión con el gerente.

DESDE

Expresa origen en el tiempo y el espacio:

> *Se ha ido desde el domingo y no ha vuelto.*
>
> *Vivo aquí desde 1992.*

EN

Expresa lugar/posición, medio de transporte, tiempo:

> *Está en la mesa donde lo dejó.*
>
> *Voy en autobús y vuelvo en avión.*
>
> *En 1982 nació nuestro hijo.*

PARA

Expresa objetivo, dirección, tiempo:

> *Traigo este informe para que lo estudien.*
>
> *El taxi va para el centro de la ciudad.*
>
> *El uniforme que mandé hacer lo necesito para el viernes.*

POR

Expresa causa, tiempo, lugar/medio:

> *Se casó por amor.*
>
> *La reunión fue convocada para el lunes, por la tarde.*
>
> *A los jóvenes les encanta salir por la noche a los bares.*
>
> *Envíame noticias por Internet.*

ACTIVIDAD

8. Por favor, elija la preposición correcta y escríbala en el espacio en blanco.

   La comida natural es la que mejor se adapta _____ (a/en) todas las épocas _____ (de/en) el año _____ . (Para/Por) eso, es la ideal _____ (para/en) los meses _____ (a/de) transición _____ (en/de) una estación _____ (para/a) otra. Debe estar siempre presente _____ (con/en) nuestros regímenes, como alternativa adecuada

_____ (hacia/para) la salud, _____ (por/para) estar _____ (con/en) forma y _____ (hasta/para) el propio equilibrio mental y personal. _____ (Con/En) la alimentación natural, predominan las verduras, ricas _____ (con/en) vitaminas, minerales y fibra alimentaria, en detrimento del consumo _____ (con/de) pastas, cereales y dulces, así como _____ (de/con) las grasas, que se utilizarán _____ (sobre/en) cantidades restringidas.

5.3 INTERROGATIVOS

Los interrogativos llevan siempre tilde.

- Quién/quiénes se usa exclusivamente para personas o cosas:

    ¿Quién es, ése?   – *El hijo de mi hermano.*

    ¿Quiénes son ustedes?   – *Los dueños del restaurante.*

- Qué se usa para personas o cosas y puede ir con verbo o con un nombre:

    ¿Qué quiere, María?   – *La correspondencia de hoy.*

    ¿Qué papeles buscan?   – *Los que pidió el jefe.*

- Cuál/cuáles se usa para personas y cosas:

    ¿Cuál perfume prefieres?   – *El más suave.*

    ¿Cuáles zapatos te gustan?   – *Los de color gris.*

- Cuánto (a)(os)(as):

    ¿Cuánto cuesta el hotel?

    ¿Cuánta gente había en la reunión?

    ¿Cuántos libros vas a comprar?

    ¿Cuántas bebidas quieres?

- Dónde es adverbio y pregunta por el lugar:

    ¿Dónde está mi camisa nueva?

- Cuándo es adverbio y pregunta por el tiempo:

    ¿Cuándo vas a salir a buscar trabajo?

- Cómo es adverbio y pregunta por el modo:

    ¿Cómo quiere que lo haga?

> Con cada uno de los interrogativos, elabore un cuestionario y responda las preguntas sobre su rutina de trabajo.

5.4 HETEROSEMÁNTICOS

Los heterosemánticos, conocidos también como falsos amigos, son palabras muy semejantes en la grafía y en la pronunciación del Portugués y del Español, pero poseen significados diferentes en cada lengua. A continuación presentamos una pequeña lista de heterosemánticos.

Palabra en Español	Significado en Portugués	Palabra en Portugués	Significado en Español
Apellido	sobrenome	apelido	apodo
Aula	sala de aula	aula	clase
Barata	de baixo preço	barata	cucaracha
Borrar	manchar	borrar	eliminar
Brincar	faltar	brincar	jugar
Cachorro	filhote de mamífero	cachorro	perro
Cola	fila	cola	pegamento
Cuello	pescoço	coelho	conejo
Engrasado	engraxado	engraçado	chistoso, alegre
Escoba	vassoura	escova	cepillo
Exquisito	saboroso	esquisito	inusual, raro
Flaco	magro	fraco	débil
Largo	comprido	largo	ancho
Lograr	conseguir	lograr	engañar
Oficina	escritório	oficina	taller
Presunto	suposto	presunto	jamón

Presupuesto	orçamento	pressuposto	presumido
Momento	rato	rato	ratón
Rojo	vermelho	roxo	morado, violeta
Rubio	louro	ruivo	pelirrojo
Sitio	lugar	sítio	finca
Taller	oficina	talher	cubierto
Taza	xícara	taça	copa
Vaso	copo	vaso	jarrón, maceta
zurdo	canhoto	surdo	sordo

ACTIVIDAD

9. Complete los espacios en blanco con las siguientes palabras:
   finca – flaca – taza – conejo – raro – vaso – basura – cepillo – exquisita – débil – sitio – copa – jarrón – oficina – cuello – escoba

   Salí tarde de mi _____ muy _____, porque me dolía el _____. Para relajarme un poco, le pedí a mi mamá que me trajera un _____ para el pelo, antes de terminar de recoger con la _____ la _____ que estaba en el patio. Después quise tomar una _____ de vino o un _____ de agua helada, pero al final preferí una _____ de café con leche y una rodaja de torta de limón. Como soy _____, no me preocupé porque estaba _____. Mi padre, que estaba en su _____ de siempre, nos invitó a pasear en la _____. Me pareció _____ por el horario, pero acepté, porque quería traer flores para el _____ de la mesa de la sala y un _____ para mi sobrino, que me pidió como regalo de cumpleaños.

PARA LEER EN VOZ ALTA:

Yo creía que el portugués era el idioma más fácil del mundo. Pero la primera lección que saqué, es que resulta peligrosísimo justamente por lo que uno cree que se trata tan sólo de español deshuesado. Escritório no quiere decir escritorio, sino oficina; en cambio, oficina quiere decir taller y talher significa cubiertos de mesa. No me atrevía a preguntar a Norma cómo se dice escritorio (nuestro tradicional escritorio de cajones y balda, en caso de gerentes de medio pelo), pero ella, que es tan inteligente, lo adivinó en mis ojos aterrados. "Escritorio se dice escrivaninha", observó Norma. "¿Escriba niña?", comenté desconcertado. "Así le decimos a las secretarias". Norma sonrió con benevolencia.

Le pedí que decretáramos un rato de descanso. Un rato en portugués es un ratón, respondió inflexible. "Fíjate lo que pasa por hablar como un loro", traté de disculparme. "Un louro en portugués es un rubio", dijo ella. "Y rubio seguramente se dirá papagayo", comenté yo tratando de hacer un chiste. Glacial, Norma aclaró:

— Ruivo es pelirrojo, y papagaio es loro.

— Perdóname, Norma, pero es que yo hablo mucha basura.

— Vassoura, no. Lixo. Vassoura quiere decir escoba.

— Y escoba ¿significa?

— Escova significa cepillo.

Era suficiente para el primer día. A la siguiente lección regresé dispuesto a cometer la menor cantidad posible de errores. Le rogué a Norma que me regalara un tinto, a fin de empezar con la cabeza despejada. Me lo trajo de café brasileño, a pesar de lo cual quise ser amable y dije que lo encontraba exquisito. […]

Fuente: SAMPER PIZANO, 1986.

Del apego nace la tristeza.
Para quien está libre del apego, no hay tristeza.

Gautama Buda
(563-483 a.C.)

CAPÍTULO 6

COMIDAS DE NEGOCIOS

Una palabra nos libra de todos los pesos y dolores de la vida: esa palabra es amor.

Sófocles
(496-406 a.C.)

La vida empresarial exige a sus dirigentes compromisos de todo orden, muchos de ellos tienen que ver con negocios que suelen finalizar en un desayuno, almuerzo o cena de trabajo. El ambiente, a veces relajado y desinhibido, a veces formal y elegante, de un buen restaurante favorece una conversación fluida, sin tensiones ni interrupciones de llamadas u otros eventos que se presentan con frecuencia en el recinto de la oficina, en razón de las funciones propias que allí se desarrollan.

Aunque en ocasiones esos desayunos, almuerzos y cenas de trabajo se interpretan como pérdida de tiempo, dinero y espacio, cada día se van institucionalizando más dentro de las empresas, hasta tal punto que se incluyen dentro de los gastos de representación de la misma. Por las innumerables ventajas que se les han ido encontrando, podemos mencionar: reconocimiento hacia la persona invitada, al homenajearlo con la invitación; reconocimiento por parte de la persona invitada, al sentirse honrado con la invitación (redundando esas dos circunstancias en beneficio del negocio); optimización del tiempo del gerente, al darle valor agregado a la hora de su desayuno, almuerzo o cena, en pro de la empresa.

Visto de esa manera, más que cualquier cosa, esos eventos sociales constituyen una inversión y una manera de cerrar negocios. Esa es una de las oportunidades que el funcionario responsable de organizar el evento tiene para demostrar su conocimiento de la empresa, su buen juicio, intuición, perspicacia, experiencia y demás habilidades, enfocadas todas a la eficiente selección del restaurante, confirmación de la reserva, garantía de la presencia de los protagonistas y éxito total para la empresa.

6.1 EL IMPERATIVO

El imperativo se usa para dar órdenes, instrucciones y consejos. Se recomienda utilizar la palabra mágica: por favor – cuando el verbo va acompañado de un pronombre éste va detrás.

Señor Durán, tráigame la carta que envié ayer a la Junta Directiva, por favor.
También dígale al director de marketing que lo espero en mi oficina.

- En el imperativo no se utiliza la primera persona del singular (yo).
  La 2ª persona del singular (tú) es igual a la 3ª persona del presente de indicativo:
  Habla con tu jefe del aumento de sueldo.

- La 2ª persona del plural (vosotros, as) se forma cambiando por -d la -r del infinitivo:
  Dejad de incomodar a vuestra madre.

- Si el sujeto gramatical no es la segunda persona, se utilizan las formas de subjuntivo:
  Le digo que se vaya y me deje en paz.

IMPERATIVO – VERBOS REGULARES

El imperativo denota una acción presente en cuanto al mandato o ruego y futura en cuanto a la ejecución.

Conjugación de los verbos imperativos terminados en ar, er, ir:

	Hablar	**Comer**	**Vivir**
(tú)	habla	come	vive
(él/ella/usted)	hable	coma	viva
(nosotros/-as)	hablemos	comamos	vivamos
(vosotros/-as)	hablad	comed	vivid
(ellos/-as/ustedes)	hablen	coman	vivan

EL ALMUERZO DE NEGOCIOS

La acertada elección del restaurante es el primer paso para que el negocio vaya por buen camino. El establecimiento debe proporcionar una atención personalizada, privacidad, una mesa ubicada estratégicamente (donde no interfieran los ruidos y las personas pasando). Es ideal que el restaurante sea cerca del lugar de trabajo, para que facilite el regreso a la oficina sin mucha demora, y que haya estacionamiento que agilice la entrada de los invitados.

El funcionario responsable de organizar el evento deberá realizar la reserva con anticipación, a nombre de la empresa, para que quede bien claro que el almuerzo será estrictamente de trabajo. El anfitrión o anfitriona debe llegar un poco antes al restaurante e informar que los gastos corren por cuenta de la empresa. Con eso, el invitado se sentirá más confortable.

ACTIVIDAD

1. Seleccione un restaurante y solicite una reservación para un almuerzo de trabajo, y formule las siguientes preguntas.

    a) ¿Qué privacidad ofrece el local?
    _____.

    b) ¿Dónde va a estar ubicada la mesa?
    _____.

    c) ¿Es un espacio tranquilo o ruidoso?
    _____.

    d) ¿A cuántas cuadras o minutos queda de la empresa?
    _____.

    e) ¿Tiene servicio de estacionamiento?
    _____.

IMPERATIVO - VERBOS IRREGULARES

Los siguientes verbos irregulares se conjugan así:

	decir	hacer	irse	poner	salir
(tú)	di	haz	vete	pon	sal
(él/ella/usted)	diga	haga	váyase	ponga	salga
(nosotros/-as)	digamos	hagamos	vayamos	pongamos	salgamos
(vosotros/-as)	decid	haced	idos	poned	salid
(ellos/-as/ ustedes)	digan	hagan	váyanse	pongan	salgan

ACTIVIDAD

2. Su jefe le ha dejado todos estos mensajes en su escritorio:

   Salga a la floristería y envíe flores para mi esposa. Es su cumpleaños.

   Haga una reservación para dos personas en el mejor restaurante.

   Diga en casa que llegaré más temprano.

   Avise al chofer que necesito el coche muy limpio.

   Traiga el acta de la junta para revisarla.

   Pida al secretario de la reunión que firme el acta.

   Termine las cartas que le dejé.

   Envíe las invitaciones para el coctel de inauguración de la sucursal.

   Transforme el verbo imperativo que está en tercera persona del singular (usted), para la segunda persona del plural (vosotros). Hay verbos regulares e irregulares.

   _____
   _____
   _____
   _____
   _____

OTRAS FÓRMULAS PARA MANDAR

A) El presente de indicativo:

   Usted se sale de mi sala ahora mismo, si no quiere que llame a la seguridad.

B) El futuro de indicativo:

   No recibirá el cheque hasta que yo lo ordene.

C) Estar + gerundio:

   Ya lo estás haciendo y sin chistar.

D) A + infinitivo:

   — Muchachos, ¡a trabajar!

E) La interrogación:

   ¿Por qué no te callas?

ACTIVIDAD

3. Complete los espacios en blanco utilizando el verbo en el Imperativo. (Extender) _____ una pierna hacia delante. (Flexionar) _____ el pie hacia arriba cuanto pueda. Luego, (flexionar) _____ la pierna hacia atrás. (Procurar) _____ estirar el pie. (Cambiar) _____ de pierna. (Sentarse) _____ derecho, (enlazar) _____ las manos tras la nuca. (Mantener) _____ los codos hacia delante, (empujar) _____. Las manos intentan escapar hacia delante y la nuca hacia atrás. (Mantener) _____ la espalda recta e _____ (inclinarse) hacia delante y (agarrarse) _____ las piernas. (Permanecer) _____ así hasta que haya contado diez y (tirar) _____ hacia arriba y (emplear) _____ sólo los músculos de la espalda.

¿CÓMO VAMOS A UBICAR A LOS INVITADOS?

Aun en los restaurantes, es obligación del anfitrión o anfitriona designar la ubicación del invitado o invitados, razón por la que es importante conocer y saber cómo proceder cuando se trata de mesa redonda, rectangular o cuadrada.

Las mesas redondas son muy prácticas y convenientes, tienen la ventaja que las jerarquías quedan más disimuladas y dan un aire más relajado a la situación. Sin embargo, si el almuerzo es muy formal, con autoridades oficiales y empresariales, se procede a colocar una tarjeta en cada sitio, que indique la posición de cada comensal. De esa manera, se respetan las normas de protocolo y los cargos jerárquicos. Si la mesa es cuadrada o rectangular, el invitado se sentará a la derecha del anfitrión. Cuando son dos invitados, deberá ofrecer el asiento frente a él al de mayor edad o jerarquía y el de su derecha al otro. Es simpático ofrecer al invitado una ubicación donde pueda disfrutar de una buena vista.

Fuente: Adaptado de EL PROTOCOLO..., 2013.

IMPERATIVOS USUALES

Estos son algunos imperativos que se usan a menudo:

- *¡Anda! Pero…¿eres tú?*
- *¡Anda, dímelo todo!*
- *¡Dale! Que te he dicho que no.*
- *¡Y dale con la misma cantaleta!*
- *¡Mira que estás pesado!*
- *¡Mira que se lo digo a tu jefe!, ¿eh?*
- *¡Toma! Pues claro.*
- *¡Vaya, hombre! Que se hace tarde.*
- *¡Vaya, por Dios!*
- *¡Vaya, qué lío!*

- *¡Vaya, vaya! Esto está muy bien.*
- *¡Venga, ya!*
- *¡Venga, termina de una vez!*
- *¡No me digas!*

> ### ACTIVIDAD
> 4. Por favor, complete los espacios en blanco y utilice el imperativo que más le convenga. Tenga en cuenta las expresiones anteriormente descritas.
>
>   a) ¿Cuándo vas a hablar con tu jefe para lo de mi trabajo?
>   _____
>   ¿No te he dicho que lo haré en el momento indicado?
>
>   b) Pepita se ha ganado la lotería.
>   _____
>
>   c) Estoy harta de esta fiesta. _____ ¡Vámonos!
>
>   d) Mire, jefe, ya lo he hecho todo. _____
>   ¡Qué bien! Te felicito.
>
>   e) Les digo que no quiero cantar. _____
>   ¡No te hagas de rogar!

ELECCIÓN DEL MENÚ EN UN ALMUERZO DE NEGOCIOS

La cortesía indica que el invitado es quien debe ordenar en primer término. Sin embargo, el anfitrión o la anfitriona puede hacer alguna sugerencia de acuerdo con la especialidad del restaurante. Evite los platos difíciles de comer y las carnes sin deshuesar.

De rigor, en los almuerzos empresariales se deben evitar las bebidas alcohólicas, no es el alcohol el mejor consejero en el momento de tomar decisiones trascendentales. Si deciden beber vino, como aperitivo o pasante, el anfitrión lo deberá saborear antes y dar el visto bueno para que el camarero lo sirva.

6.2 LOS GERUNDIOS

El gerundio es un verbo que cumple funciones de adverbio y hasta llega, en algunas ocasiones, a cumplir las funciones de adjetivo. Cuando el gerundio está en función de adverbio se localiza al lado del verbo.

Está subiendo el peso en relación con el dólar.
Sigue bajando el dólar durante el mes de diciembre.
Me estoy cansando de tanta necedad.

Verbos terminados en ar: cantar: cant-ando.
Verbos terminados en er/ir: beber: beb-iendo; vivir: viv-iendo.
Verbos irregulares: leer: **leyendo**; dormir: **durmiendo**.

ACTIVIDAD

5. Por favor, conjugue en los espacios en blanco el verbo en el gerundio.

   a) Se quedó (dormir) _____ en casa.
   b) Estamos (oír) _____ la radio.
   c) ¿Qué estás (pedir) _____ ahora?
   d) Está (caer) _____ mucha nieve.
   e) (Poder) _____ decírselo, pues díselo ya.
   f) El enemigo terminó (huir) _____.
   g) Estas plantas se están (morir) _____.
   h) Puedes ir (servir) _____ la cena.

¿CUÁNDO COMENZAR A HABLAR DE NEGOCIOS?

Se puede iniciar la charla de negocios con una conversación informal para aclimatar el encuentro o como introducción al punto objeto del encuentro. Pero, como para todo existe un momento apropiado, lo mejor

> es que se introduzca el tema a más tardar, al empezar el plato principal, con el fin de contar con suficiente tiempo de conversación.
>
> Conserve un tono de voz amable y no se desvíe del asunto principal. Aunque puede ser muy agradable hablar de todo menos del tema en cuestión, no olvide que está en una reunión de negocios con un propósito específico. No espere hasta el postre para hablar del negocio, porque es posible que el invitado tenga otro compromiso y no se pueda quedar más tiempo.

Fuente: Adaptado de EL PROTOCOLO, 2013.

6.3 LA PERÍFRASIS "ESTAR" + GERUNDIO

Está compuesta por el verbo estar, seguida de un gerundio. Suele expresar una acción en desarrollo.

María, ¿qué haces?   *Estoy redactando la carta que me pidió.*

	estar +	gerundio
(yo)	estoy	bailando
(tú)	estás	bailando
(él/ella/usted)	está	bailando
(nosotros)	estamos	bailando
(vosotros)	estáis	bailando
(ellos)	están	bailando

Los domingos son estupendos. No hago nada y me quedo perezosa todo el día. Ahora estoy leyendo un libro. Es una novela muy interesante. Mi padre está viendo un partido de fútbol en la tele. Mi madre está haciendo la comida. Mi abuelo está jugando ajedrez con mi hermano y mi abuela está cuidando del bebé que está llorando.

ACTIVIDAD

6. Responda a las preguntas utilizando la perífrasis estar + gerundio. Siga el modelo.

   *¿Dónde está tu jefe? Está **durmiendo** la siesta.*

   a) ¿Dónde está la secretaria? (hablar teléfono) _____
   b) ¿Dónde están tus hijos? (jugar) _____
   c) ¿Dónde está el director? (participar) _____
   d) ¿Dónde está la profesora? (dar clase) _____
   e) ¿Dónde están tus compañeros de clase? (estudiar) _____
   f) ¿Dónde están tus amigos? (tomar una cerveza) _____
   g) ¿Dónde estoy? (trabajar) _____
   h) ¿Dónde están tus padres? (viajar) _____
   i) ¿Dónde está tu marido? (pasear) _____
   j) ¿Dónde está Pablo? (leer libro) _____

REGLAS PARA ASISTIR A UNA CENA ESPECIAL

- Siéntese ni muy cerca ni muy lejos de la mesa, a una distancia apropiada para tener libertad de movimiento.
- No se recueste ni se apoye en la silla.
- No coloque los codos sobre la mesa.
- La servilleta la retira y se la coloca sobre las piernas.
- Espere a que el anfitrión empiece a comer antes de que usted lo haga.
- Coma con delicadeza.
- Corte el pan con la mano en trozos pequeños.
- Los cubiertos siempre estarán colocados a ambos lados del plato y en el orden a utilizar desde afuera hacia adentro.
- El tenedor se toma con la mano derecha para comer los alimentos y con la mano izquierda para cortarlos.
- No realice más de un corte a la vez. Deberá realizar los cortes uno por uno mientras vas comiendo.

- Prohibido llevar el cuchillo a la boca.
- Cuando termine de comer coloque los cubiertos en forma paralela sobre el plato. Nunca cruzados, apoyados o sobre el mantel.

Fuente: Adaptado de REGLAS de un buen comensal, 2013.

6.4 LA APÓCOPE

La apócope es la pérdida de la última letra o sílaba de una palabra.

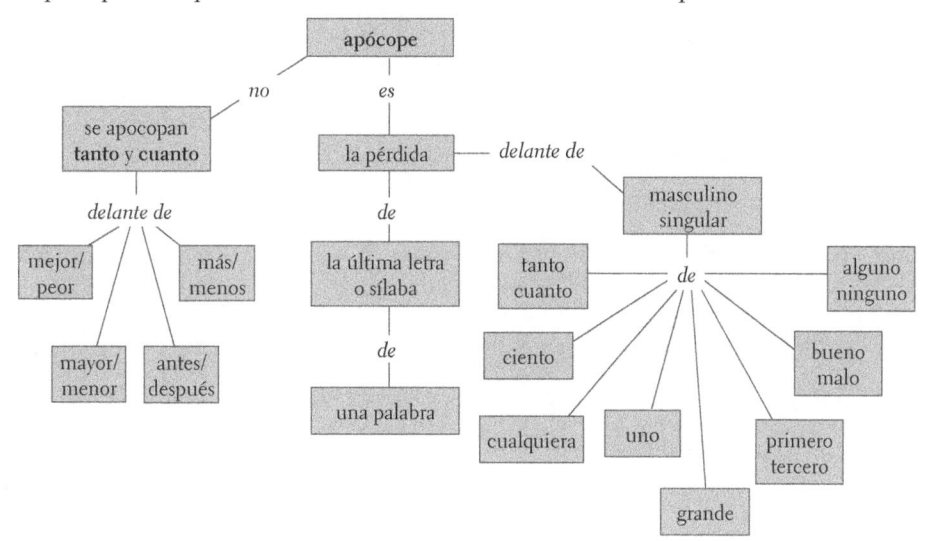

Mapa conceptual: La apócope

- Se apocopan cuando van delante de un masculino singular:

alguno	grande
ninguno	uno
bueno	cualquiera
malo	ciento
primero	tanto
tercero	cuanto

Era su primer empleo.

Cien Años de Soledad.

- La palabra santo se apocopa delante de nombres propios:

San Pablo, San Pedro.

Excepciones: *Santo Tomás, Santo Domingo, Santo Angel*.

- Tanto y cuanto no se apocopan delante de estas palabras:

    mejor/peor = *tanto mejor, cuanto peor*

    mayor/menor = *cuanto mayor, cuanto menor*

    más/menos = *cuanto más, cuanto menos*

    antes/después = *tanto antes, cuanto después*

ACTIVIDAD

7. Por favor, complete los espacios en blanco con la apócope correspondiente.

    a) ¿Hay (alguno) _____ programa de radio interesante?

    b) Tiene un (grande) _____ talento para los negocios.

    c) Hoy no hay (ninguna) _____ película que me interese.

    d) En esta taberna tienen un (bueno) _____ vino.

    e) Es la (tercera) _____ vez que te lo digo.

    f) Dicen que es un (malo) _____ jefe.

    g) Nos bajaremos en la (primera) _____ planta

    h) Yo no me caso con (cualquiera) _____ hombre.

    i) (Uno) _____ día iré a visitar la sucursal que acaban de inaugurar.

    j) Es el (tercero) _____ día de la semana que llega tarde.

AMPLIE SU VOCABULARIO
LA COMIDA

el aceite	los fríjoles	el pan
el agua	las gambas	la patata o papas
el ajo	los garbanzos	el pavo
el arroz	los pimentones	el pescado
el azúcar	la harina	la pimienta
la berenjena	los huevos	la piña
el café	el jamón	el plátano
el calabacín	los langostinos	el pollo
los calamares	la leche	el queso
la cebolla	la lechuga	la remolacha
el cerdo	el limón	la sal
las cerezas	los macarrones	la sandía
la ciruela	el maíz	el salmón
la coliflor	la mayonesa	la sardina
el cordero	la manzana	el té
los champiñones	los mejillones	la ternera
el chocolate	el melocotón	el tomate
el chorizo	el melón	las uvas
los embutidos	la mermelada	la vaca
los espaguetis	la mostaza	el vino
las espinacas	la naranja	la zanahoria
las fresas	las ostras	

ACTIVIDAD

8. Separe del vocabulario: 5 frutas, 5 verduras, 5 legumbres, carnes, pescados, mariscos y condimentos. Invite a cenar a unos amigos.

   a) ¿Qué va a preparar? _____

   b) De primer _____, de segundo _____ y de postre _____.

   c) Va a preparar una deliciosa ensalada. ¿Qué ingredientes pone?
   _____

USO DE LOS CUBIERTOS

Los cubiertos se utilizan de fuera hacia dentro y se colocarán siguiendo el orden de los alimentos que se servirán. Hay dos maneras de manejar el cuchillo y el tenedor: al estilo Europeo y al estilo Americano.

- **Estilo Europeo:** El comensal no suelta los cubiertos en ningún momento. Procede a cortar con el cuchillo la carne o el alimento servido, normalmente un trocito cada vez, y usa el tenedor con la mano izquierda, con las púas hacia abajo, para pinchar el trozo y llevarlo a la boca.
- **Estilo Americano:** El comensal corta primero el alimento y deja después el cuchillo cruzado justo enfrente del plato. El tenedor se cambia entonces a la mano derecha. La mano izquierda se apoya en la rodilla mientras se está usando el tenedor. Por consiguiente, el comensal cambia estos cubiertos de una mano a otra tantas veces como precise a lo largo de la comida. Se recuerda que no debe cortar a un tiempo más de tres trozos.

Fuente: USO de los cubiertos, 2013.

LA DISPOSICIÓN DE LOS CUBIERTOS

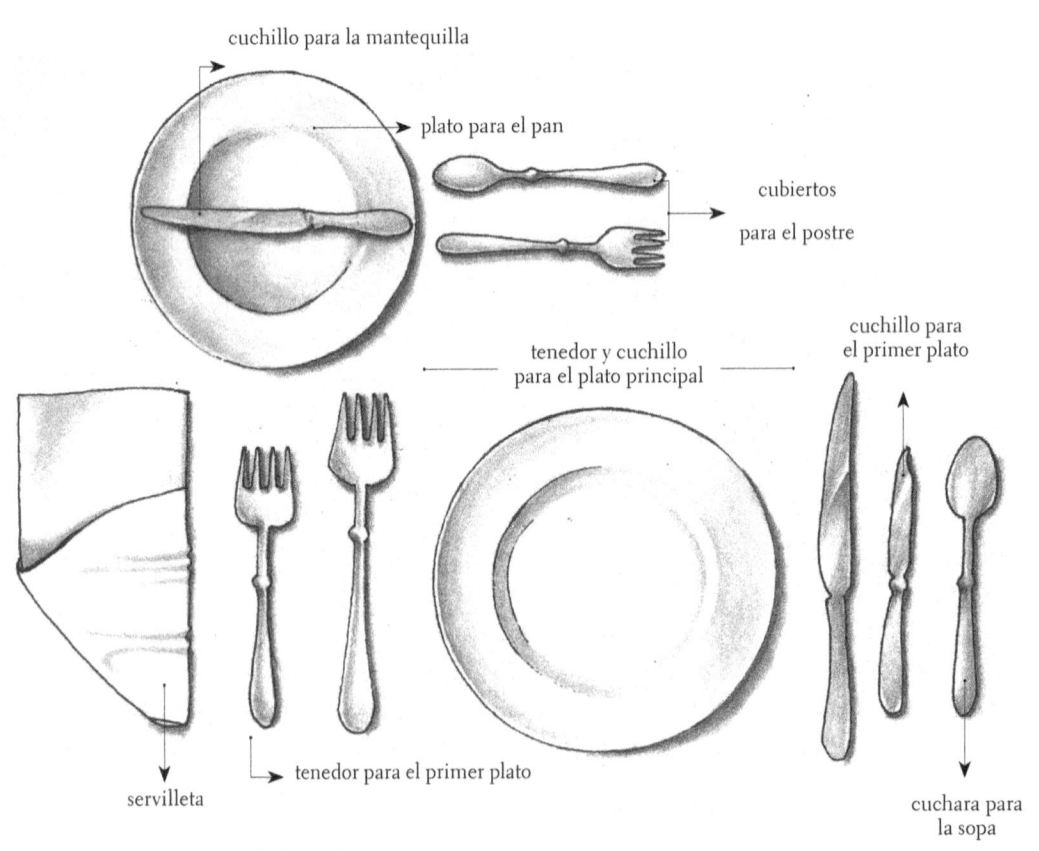

La disposición de los cubiertos

LOCUCIONES ADJETIVAS

Son expresiones o frases hechas de uso corriente.

Chapado a la antigua: se dice de la persona anticuada.

Contante y sonante: aplicado a dinero, efectivo.

Convicto y confeso: se aplica a quien ha confesado su delito.

Corriente y moliente: sin nada extraordinario o notable.

De altos vuelos: dicho de una obra, empresa o proyecto, de mucha importancia o muy ambicioso.

De armas tomar: decidido o atrevido, tanto para acometer empresas como para no dejarse atropellar por otros.

De baja estofa: de mala calidad, despreciable.

De escasas luces: se dice de la persona poco inteligente.

¿CÓMO ARREGLAR LA MESA?

Ahora es el momento de arreglar la mesa para recibir a tus invitados. Primero el mantel. Se usa para la noche de un solo color. Los manteles con flores se pueden utilizar durante el día o hasta la hora del té. Para crear un ambiente cálido puedes utilizar velas y luz tenue. Al ubicar los platos en la mesa primero se pone el plato base y los siguientes encima dependiendo del menú. El plato de pan va a la izquierda del plato base y las copas al lado derecho del mismo. Comenzando por la de agua, las copas pueden formar una hilera o un triángulo.

Fuente: ETIQUETA para montar la mesa, 2013.

EXPRESIONES

¡Fíjate!: estar de buen humor/malhumor.

Me da (dan) pena/¡Qué pena!: cuando sientes tristeza por algo o por alguien.

Me da (dan) vergüenza/¡Qué vergüenza!: cuando sientes vergüenza por algo o por alguien.

Me da (dan) envidia/¡Qué envidia!: cuando deseas algo que no puedes tener.

Me da (dan) miedo/¡Qué miedo!: cuando algo o alguien te produce miedo.

Me da (dan) asco/¡Qué asco!: cuando algo o alguien te resulta repugnante.

Me da (dan) rabia/¡Qué rabia!: cuando algo te enfada mucho.

Me da (dan) igual: cuando algo te resulta indiferente.

EL ORDEN DE LAS COPAS

En una cena formal se emplean varios tipos de bebidas. Habitualmente, se suele colocar simplemente una copa de agua, a la izquierda y una copa de vino, a la derecha. Siempre en la parte superior frente al plato. Hay ocasiones en que se puede colocar alguna copa más de las habituales. Podría ser, una copa de agua, una de vino tinto, una de vino blanco y la copa de champán. Son suficientes para una mesa elegante.

Las copas, se toman por su tallo, es decir por su parte larga y fina. Cada copa tiene su función y dependen de la bebida, por eso las hay de diferentes tamaños y formas.

Fuente: Adaptado de QUÉ COPAS ponemos en la mesa?, 2013; CÓMO utilizo la copa?, 2013.

ALGUNAS EXPRESIONES QUE ORGANIZAN LA CONVERSACIÓN

Para llamar la atención con la persona con la que queremos hablar o con la que estamos hablando, podemos usar:

pues / vale / verdad / ah / mira / mire / por favor / oye / oiga / perdona / perdón / perdone

Pues: indica a la persona con la que hablamos que lo que decimos contrasta con lo que nos acaba de decir.

Vale: indica a la persona que estamos de acuerdo con lo que nos propone.

¿Verdad?: para que la persona con la que hablamos confirme o no si es verdad lo que hemos dicho.

¡ah!: indica sorpresa.

ACTIVIDAD

9. Complete el diálogo. Utilice algunas de las expresiones mencionadas anteriormente.

— _____. ¿El Museo de Arte Moderno?

— Sí, mira, está en esa calle.
— _____, gracias. Hasta luego.
— De nada, adiós.
— _____, por favor, ¿la calle de las flores?
— Sí, _____, continúe por aquí una cuadra y después gire a la derecha.
— Gracias.
— De nada.
Oye, tu jefe es abogado, ¿_____?
— No, es ingeniero.
— A mí me gusta ser secretaria.
— _____ a mi también.

LAS SERVILLETAS

Existen varias formas de colocar la servilleta. Cuando se coloca encima del plato y cuando va al lado izquierdo del servicio de mesa, al lado del tenedor. En los dos primeros casos, el comensal coge la servilleta y con las dos manos la despliega, dejándola extendida por la mitad y la coloca encima de la rodilla. Si tiene que salir de la mesa durante la comida, deje la servilleta en el lado izquierdo de su plato. Cuando termina la cena, la servilleta se deja en el lado izquierdo de nuestro servicio de mesa.

El anfitrión es el primero que coge la servilleta de encima de la mesa. Después los demás comensales pueden hacer lo mismo.

Fuente: Adaptado de MORA, 2008a, 2008b.

6.5
LOS HETEROGENÉRICOS

Los vocablos heterogenéricos son idénticos o semejantes en cuanto a la forma gráfica y al significado, pero cambian en cuanto al género.

Portugués	Español	Portugués	Español
o legume	la legumbre	o costume	la costumbre
a viagem	el viaje	a paisagem	el paisaje
a maquiagem	el maquillaje	a coragem	el coraje
a aprendizagem	el aparendizaje	a equipe	el equipo
a garagem	el garage	a árvore	el árbol
a aterrissagem	el aterrizaje	a bagagem	el bagaje
a embalagem	el embalaje	a homenagem	el homenaje
o leite	la leche	o mel	la miel
o nariz	la nariz	a pétala	el pétalo
a porcentagem	el porcentaje	o postal	la postal
a ponte	el puente	a aids	el sida
o samba	la samba	a yoga	el yoga
a dor	el dolor	a cor	el color
o financiamento	la financiación	a fraude	el fraude
a desorden	el desorden	o sal	la sal
o sangue	la sangre	a origem	el origen
a viagem	el viaje		

ACTIVIDAD

10. Por favor, coloque en los espacios en blanco el heterogenérico que está entre paréntesis traducido al Español, de acuerdo con el cuadro anterior.

    a) Siempre se le derrama _____ cuando la coloca para hervir. (o leite)

    b) Hoy prefiero _____ blanco para el verano. (a cor)

    c) Tiene _____ de escuchar mis conversaciones telefónicas. (o costume)

    d) Niños, plantad _____ en el patio de la casa. (a árvore)

    e) Por favor, pásame _____. (o sal)

    f) Finalmente _____ terminó bien. (a viagem)

    g) Se rompió _____ en aquel accidente. (nariz)

h) _____ de mi hijo me incomoda mucho. (a desorden)

i) Ganó _____ de Milán el campeonato de fútbol. (a equipe)

j) Es necesario que _____ esté bien lavada antes de comer. (o legume)

MODISMOS

Echar de menos: sentir saudade.

A diestra y siniestra: a torto e a direito.

A fuerza de enchufes: com pistolão.

Al dedillo: de cor e salteado.

A lo que salga: para o que der e vier.

Debemos ser el cambio que deseamos ver en el mundo.

Mahatma Gandhi
(1869-1948)

PARTE II
ESPAÑOL EN LAS ORGANIZACIONES

PRESENTACIÓN

Felicitaciones por su empeño en aprender la lengua española. Después de conocer los principales aspectos de la gramática, en la primera parte de este libro, *Español para Negocios*. Sus conocimientos han avanzado y ha llegado el momento de llevarlos a la práctica. En esta segunda parte, encontrará las ayudas que necesita para hacerlo realidad.

En esta sección, damos a conocer temas relacionados con el día a día que se vive en una empresa, presentados en un idioma diferente al que trabaja: el Español.

Esta segunda parte, denominada *Español en las organizaciones*, está dividida en seis capítulos. Si usted no está siguiendo el libro de manera secuencial y desea aprender un tema específico, puede ir directamente al capítulo, sin que interfiera uno con el otro. Si desea recordar aspectos gramaticales ya tratados, los encuentra en la primera parte del libro, en breves resúmenes acompañados de Mapas Conceptuales. ¡Recordemos que la gramática es indispensable para aprender correctamente cualquier lengua!

Espanhol para Negocios es un libro de aprendizaje y consulta que le abrirá las puertas a la comunicación con el mundo hispánico. Disfrútelo y saque el mejor provecho de él.

CAPÍTULO 7

LA OFICINA

*Sea un Colón de los nuevos continentes
y mundos enteros que hay dentro de usted.
Abra nuevos canales, no de comercio,
sino de pensamientos.*

Henry David Thoreau
(1817-1862)

La palabra oficina, viene del Latín *officina*, que quiere decir *oficio*. Es un lugar o sitio en el que se realiza una actividad u oficio, se atiende, se despacha o, dicho de otra manera, se es un lugar donde se trabaja.

La oficina de la empresa está en el centro de la ciudad.

También se la define como el departamento donde trabajan los empleados públicos o particulares.

Fue a la oficina de correos para enviar una carta certificada.

La oficina es el local donde permanecemos una gran parte de nuestra vida. Es en realidad nuestra segunda casa. Todos los días llegamos a la oficina, trabajamos bastante y es allá donde surgen grandes explosiones de creatividad, ideas, risas y convivencias. Sin embargo, la sociedad moderna permite que las personas trabajen en la casa. Todos conocemos personas que organizan su oficina en la casa. Con un ordenador, una línea telefónica fija, un celular y la Internet, nos podemos comunicar muy bien con nuestros clientes. Pero, ¡cuidad! Se necesita mucha disciplina para que la vida del hogar no se interponga en la vida laboral.

Sea que trabaje en una oficina o desde su casa, es necesario imponerse unas reglas, organizarse y hacerle un seguimiento a todas las cosas. Cómprese una agenda o calendario de escritorio tradicional o una moderna agenda electrónica, donde pueda anotarlo todo. Lo importante es que lo utilice. Al iniciar el día, destine un corto tiempo a planear sus prioridades. Ocúpese primero de lo más importante pero no deje de lado lo que le parezca menos importante. Si dejamos las cosas para hacerlas "más tarde", es posible que, cuando llegue "el más tarde", ya sea demasiado tarde. Al terminar el día, destine un tiempo para revisar si todo fue hecho y qué quedó por hacer. Finalmente, revise sus citas para el día siguiente.

Así es que organícese. Es la mejor receta para tomar las riendas de tu trabajo y enfrentar las dificultades laborales.

7.1 ELEMENTOS QUE CONFORMAN LA OFICINA

Los elementos que deben estar presentes en una oficina estarán regidos por las políticas y objetivos particulares de cada cargo de trabajo y las políticas y objetivos generales de la empresa. Existen necesidades comunes e inherentes a las labores a desempeñar desde cualquier cargo en la empresa, como son: los útiles de papelería, los muebles de escritorio y archivo, las instalaciones eléctricas para informática y telefonía, las mejores condiciones de luz natural, ventilación y aireación y la distribución armónica de los espacios. Lo demás, son accesorios que le dan el toque personal.

En una oficina, encontramos muchos objetos. Veamos algunos de ellos:

agenda	el maletín	papelera
bolígrafos	escritorio	pizarra
calculadora	extintor	pluma estilográfica
carpetas	fichero	regla
chequera	fotocopiadora	sacapuntas
cinta adhesiva	goma de borrar	sala de reuniones
clasificadores	grapadora	sillas
clips	hojas de papel	sillones
compás	impresora	sujeta papeles
computadora	lápices	tarjetero
destructora de papeles	libretas	teléfono
detector de humo	mesa	
dispensador de agua	objetos personales	
el archivador	(floreros, portarretratos, etc.)	

ACTIVIDAD

1. Complete los espacios en blanco con el vocabulario anterior y con uno de los siguientes verbos en el presente de indicativo:
   escribir – recibir – esperar – presentar – ser – firmar – usar – poder – archivar – llevar

   a) La secretaria e_____ en la c_____ una carta.
   b) La telefonista r_____ todas las llamadas telefónicas.

c) El cliente e_____ en la s_____ _____ _____.
d) El jefe le p_____ el cliente a la s_____.
e) Las s_____ de la oficina _____ muy confortables.
f) El director f_____ los documentos con p_____ e_____.
g) La secretaria u_____ el s_____ para afinar la punta del lápiz.
h) Con la a_____ p_____ organizar todas las citas de mi jefe.
i) La secretaria a_____ las cartas en las c_____.
j) En el m_____ el jefe ll_____ los documentos a la cita.

2. Por favor, una con una flecha las palabras que están relacionadas entre sí.

1. La secretaria	A. dirige	a) las fichas
2. La telefonista	B. grapa	b) en la computadora
3. El director	C. reproduce	c) las llamadas
4. La grapadora	D. recibe	d) los documentos
5. El fichero	E. escribe	e) los originales
6. La fotocopiadora	F. almacena	f) la empresa

7.2 SALUDOS Y PRESENTACIONES

Esas son algunas fórmulas más comunes que se utilizan para saludar, dar respuestas y despedirse.

Saludos	Respuestas	Despedidas
¡Hola! ¿Qué tal?	¡Bien, gracias!	¡Adiós!
¡Hola! ¿Cómo estás?	¡Estupendo!	¡Hasta luego!
¡Buenos días!	¡Buenos días!	¡Hasta mañana!

Saludos	Respuestas	Despedidas
¡Buenas tardes!	¡Buenas!	¡Hasta pronto!
¡Buenas noches!	¡Buenas noches!	¡Hasta la vista!
¿Cómo vamos?	¡Excelente!	¡Hasta otro día!
Buenas, ¿qué hay de nuevo?	¡Nada especial!	¡Adiós, que te vaya bien!
¡Quiubo! (sinónimo de "qué hubo")	¡Nada de nuevo!	¡Vaya con Dios!

Las presentaciones se inician cuando una tercera persona pone en contacto a ambas partes.

- La presentación es precedida por la preposición a.
  - *Le presento al Sr. Gómez, jefe del departamento de comercio exterior.*
  - *Le presento a Pablo, mi compañero de universidad.*
- En un contexto formal, la persona que presenta puede usar las siguientes expresiones:
  - *Permítame que le presente a Elvira Silva, asistente del director general.*
  - *Quisiera presentarle a Juan Vélez, ejecutivo de ventas de la compañía.*
- También, cuando el propio interesado lo hace directamente.
  - *Buenos días, mi nombre es Ana Jiménez, ejecutiva de cuentas del departamento de mercadeo.*
- Existen otras fórmulas más familiares:
  - *Marta, te presento a Pedro.*
  - *Julián ¿conoces a Fernando?*
  - *Esteban, mi marido.*
- Cuando vamos a presentar a una persona, nombramos primero al de menor rango jerárquico y después al otro. La persona de mayor rango jerárquico tiende la mano como muestra que desea conocer a la otra persona.
- El saludo habitual es un apretón de manos y para el hombre, si lo desea, puede hacer una ligerísima inclinación de la cabeza. Para las señoras, el saludo es el mismo, pero siendo la mujer la que tiende la mano e inicia el saludo.
- Para responder a la presentación puede añadirse el nombre de la persona a la cual nos dirigimos o decir simplemente el nombre. Use algunas de las siguientes fórmulas:

— *Encantado (de conocerlo/conocerte), soy Manuel.*

— *Es un placer (conocerlo/conocerte), me llamo Elías.*

— *Mucho gusto (en conocerlo/conocerte), Isabel.*

— *Hola, ¿Qué tal? soy Ester.*

— *Buenos días, Sra. López.*

— *Buenos días, Don Diego.*

- Después de don/doña se coloca el nombre de la persona y después de señor/señora se coloca el apellido.

   — *Don Jorge y doña Lucía están viajando.*

   — *El señor Correa ya regresó a su despacho.*

USO DEL TÚ, EL USTED Y EL VOS

En general se usa *usted* en situaciones formales, *tú* y *vos* en situaciones informales. Veamos algunas normas:

- De forma habitual, el tratamiento debe ser de *usted* en los primeros momentos. Espere a que la otra persona comiencen a utilizar su nombre de pila (nombre propio).

- El usted es formal. Se usa en general con personas de edad, en negocios o con las que se tiene poca confianza. Pero también se usa en algunos países, cuando hay mucha confianza, como por ejemplo entre padres, hermanos o conocidos íntimos.

- El tú es informal. Es un tratamiento muy generalizado hoy en día entre los jóvenes y personas donde ya se ha establecido una relación de confianza. Utilice el *tuteo*, si la otra le dice que puede referirse a ella de *tú*.

- En España, es común el uso de tú y vosotros para el tratamiento no formal y de usted y ustedes para el tratamiento formal.

   — *Tú eres muy buena administradora.*

   — *Vosotros sois mis mejores funcionarios.*

   — *Usted es mi jefe, ¿verdad?*

   — *Ustedes son muy organizados.*

- En América Latina, la forma usada en el plural es ustedes.

- En el singular se usa vos en el tiempo Presente de Indicativo. El voseo es utilizado de manera generalizada en Argentina, Uruguay, Paraguay, y algunos países de América Central y Suramérica.

— *Vos escribís muy bien = Tú escribes muy bien.*

— *Ustedes pueden sentarse aquí.*

Se debe recordar que cuando se cambian los pronombres de tratamiento, se cambian también las conjugaciones verbales.

7.3 SALUDOS Y DESPEDIDAS

Tanto para presentar a una persona como para saludar y despedirse existen algunas frases claves que nos ayudan en la comunicación. Si al hacer las presentaciones no ha entendido bien el nombre de la persona presentada, pida, por favor, que se lo repitan e incluso que se lo deletree. Es incorrecto hablar con otra persona de la que no se sabe su nombre o a la que no puede referirse por no haber comprendido o retenido su nombre. Con discreción, anote el nombre completo de la persona en su agenda, para que pueda utilizarlo en sus informes o futuros contactos.

- Al saludo le pueden seguir algunas frases que ayudan a dar continuidad a una conversación.
    - *Buenos días. ¿Cómo vamos?*
    - *Buenas tardes. ¿Cómo está usted?*
    - *Buenas noches. ¿Todo bien?*
    - *Hola, ¿qué hay de nuevo?*
    - *Hola, ¿qué tal?*
    - *Quiubo, ¿Cómo estás?*
- A las preguntas anteriores podemos responder:
    - *Bien, gracias. ¿Y usted?*
    - *Estupendamente, gracias.*
    - *Perfecto.*
    - *Estupendo.*
    - *Así, así. (Más o menos)*
    - *Regular. Todavía no he encontrado empleo.*
    - *Mal. Estoy con jaqueca.*

— *Fatal. No he dormido bien esta semana.*

— *Nada especial.*

- Cuando entre a una sala o reunión, debe saludar a todos los presentes y esperar a que le presenten. Al salir de la reunión o sala, también es correcto despedirse de todos los presentes. En función del número de personas presentes puede hacer un saludo o despedida general, o bien hacerlo de forma personal, uno por uno.

    — *Buenos días señores/señoras.*

    — *Buenas tardes, caballeros.*

    — *Hola a todos.*

    — *Adiós.*

    — *Hasta luego.*

    — *Hasta pronto.*

    — *Hasta la vista.*

    — *Hasta mañana.*

ACTIVIDAD

3. Complete los espacios en blanco con un **artículo determinado** (el – los – la – las) o **indeterminado** (un – uno – unos – una – unas) del siguiente aparte del texto:

    El tiempo es el recurso muy valioso: el arte de vivir la agenda

    Para un alto directivo/a _____ tiempo es su recurso más escaso y valioso. Poder atender _____ máximos temas posibles y hacerlo sin estrés y en "buena forma" es fundamental _____ apoyo de _____ secretaria intuitiva e inteligente. Hacer ganar tiempo a _____ alto directivo es _____ arte y requiere _____ atención permanente y total. Es preparar a tiempo toda _____ documentación para _____ reunión. Es _____ habilidad para cortar _____ visita que se prolonga excesivamente; es dar _____ excusa perfecta para llegar media hora más tarde a _____ próxima reunión; es alquilar _____ servicio de habitación durante dos horas para poder ducharse tras _____ viaje de diez horas y llegar en perfectas condiciones a _____ reunión importante. Es dar _____ excusa perfecta por teléfono y que _____ jefe no quede mal. Es saber lo que _____ jefe necesita, piensa y anticiparse a dárselo con _____ seguridad de no equivocarse. Es saber cuando tiene sed, o es mandar _____ nota de agradecimiento usual. Es vivir _____ día intentando cuidar cada minuto del jefe, es ayudarle a cumplir _____ agenda sin estrés y manejando _____ imprevistos.

Fuente: EURORESIDENTES, 2007.

ACTIVIDAD FÍSICA

Después de un tiempo de trabajo, debe realizar algunos ejercicios de estiramiento que disminuyan la fatiga visual, eviten irritaciones y aumenten la capacidad de trabajo. Veamos algunos de ellos:

1. Inclinar lentamente la cabeza hacia atrás. Bajar la barbilla hasta el pecho como si afirmase: SÍ SÍ.
2. Girar lentamente la cabeza a derecha a izquierda como si negara: NO NO.
3. Inclinar lentamente la cabeza a derecha e izquierda como si dudara: QUIZAS.
4. Subir los hombros con los brazos caídos a lo largo del cuerpo. Bajar los hombros como si no supiera: NO SÉ.
5. Manos en la nuca y espalda recta. Flexionar lateralmente la cintura y dejar caer los brazos derecho e izquierdo de forma alternativa.

7.4 EL TELÉFONO

En la mayoría de los casos, el primer contacto que se tiene con una empresa es por medio del teléfono. O sea, éste se constituye en la "Carta de Presentación" y "Puerta de Entrada" de la empresa.

De la forma más acertada o no, como se conteste este importante instrumento de trabajo depende:

- La contratación de la empresa para un negocio.
- La consecución o pérdida de clientes.
- El ser tenida en cuenta para una representación. Cambio de opinión o ser más favorable ante un malentendido.
- Su postulación como modelo de…

En fin, la manera correcta de contestar al teléfono en una empresa proyecta una excelente, muy buena, buena, regular, mala o indeseable imagen de la misma.

> ¡Cuidado!, la primera impresión siempre es definitiva, cuando alguien ya se formó una idea es más difícil lograr un cambio de opinión.

La persona seleccionada para contestar al teléfono en la empresa debe reunir ciertas condiciones que se pueden resumir en las siguientes:

- La voz: el tono, el timbre, la vocalización y la calidez; deben oírse al otro lado de la línea de tal manera que el que escucha sienta el agrado de comunicarse con esa empresa.
- La actitud: al contestar el teléfono es percibida por la persona que llama. Ser amable, gentil e indulgente garantiza el buen desarrollo de una comunicación.
- La seguridad y certeza con la que se habla: da cuenta del conocimiento que se tiene de la empresa y de la capacidad de manejo de cualquier situación, a la vez que proyecta la calidad del personal que allí labora y del servicio que se presta.

RECOMENDACIONES

Al recibir una llamada, es recomendable tener en cuenta que:

- Cualquier llamada debe ser contestada con prontitud, nunca se sabe cuál de todas es más importante.
- No se debe dejar a la persona mucho tiempo en espera de una respuesta. Si eso sucede, informe la razón de la demora, pida que llame más tarde, pregunte el número de teléfono para llamarle cuando, por ejemplo, su jefe se desocupe, o pregunte si desea seguir esperando en la línea.
- Cuando pregunten por su jefe, usted puede contestar:

a) *Se encuentra en una reunión, permítame yo veo si lo puede atender.*

 b) *Está hablando por otra línea ¿desea esperar? o déjeme su nombre y número de teléfono para responderle la llamada.*

 c) *En este momento no lo puedo interrumpir, por favor, déme sus datos para llamarlo cuando se desocupe.*

 d) *Un momento, voy a comprobar si está... ¿de parte de quién?*

- Nunca pregunte primero el nombre de quien llama para responder que el jefe no se encuentra, que está ocupado, o que en el momento no lo puede atender..., es de muy mal gusto y da la impresión de estarlo negando o que él o ella no desean responder.
- Jamás inicie una conversación al teléfono con tratamiento íntimo, es decir, no utilice el tuteo con una persona que no conozca. Algunas personas se pueden ofender con ese tipo de comunicación inicial.

Ejemplos de cómo contestar el teléfono en una empresa:

— *General Electric, buenos días, le habla Doris Mejía, ¿en qué le puedo servir?*
— *General Electric, Departamento de Contabilidad, le habla Doris Mejía, a la orden.*

HAY QUE TENER EN CUENTA

Lo importante es tener en cuenta los siguientes puntos:

- identificación de la empresa;
- saludo (puede ir antes o después de la identificación de la empresa);
- identificación de la persona que contesta;
- ofrecimiento del servicio.

No olvide escribir todos los mensajes, la memoria falla y un olvido puede ser definitivo para la empresa o el jefe. Todas las llamadas deben ser contestadas o al menos remitidas por escrito a la persona solicitada informando:

- el nombre de la persona que llamó;
- el número del teléfono;
- el mensaje que deja o el motivo de la llamada;
- la fecha completa incluyendo la hora.

Al contestar al teléfono procure no comer chicle ni tener nada en la boca. Si está tomando algo, pida que le esperen un momento. Aunque conozca a la persona que llama, trátela con el debido respeto, sin olvidar que usted es la representante de la empresa mientras esté en tiempo laboral y dentro de ella. Utilice siempre el *Señor* con el apellido y el *Don* con el nombre para referirse a las personas: es muy común confundirlo. Ejemplo: Don Diego o Señor Vargas.

PACIENCIA

Las secretarias y las personas que reciben muchas llamadas (centros de soporte, de atención al cliente, etc.) se encuentran con todo tipo de temperamentos. Se debe saber mantener la compostura y los buenos modales por el buen nombre de la empresa, sin embargo, si la cosa se complica, es preferible pedir ayuda o hacer pasar a un superior.

ES CORRECTO USAR ¿QUÉ? O ¿CÓMO?

P: En una conversación telefónica, cuando no se escucha o no se entiende al hablante, ¿es incorrecto preguntar "¿Qué? o es más correcto usar "¿Cómo?"

R: Es más educado usar "¿Cómo?" o "¿Perdón?". No es incorrecto usar "¿Qué?", simplemente es menos educado y menos formal.

MIRE ESTO

Si necesita llamar a España, o a algún país de Hispanoamérica, a nivel coloquial le responderán así:

España: ¡*Dígame!*

Argentina: ¡*Hola! ¿Sí?*

Colombia: ¡*Aló! ¡A ver!*

Chile: ¡*Aló!*

Cuba: ¡*Oigo! ¿Sí? ¡Diga!*

México: ¡*Mande!*

Uruguay: ¡*Hola! ¿Quién habla?*

ACTIVIDAD

4. Complete los espacios correspondientes y escoja la fórmula apropiada de entre las que aparecen a continuación:

Si señora, por supuesto – En este momento está hablando por la otra línea ¿espera un momento o prefiere llamarlo más tarde? – STB Española, – Buenos días – A usted – ¿Quién lo llama? – Lo siento, pero no lo sé – ¿Quiere dejarle algún mensaje? – Un momento, por favor

Voz 1: _____

Voz 2: Por favor, quisiera hablar con el Sr. Pérez, de la sección de contabilidad.

Voz 1: _____
_____

Voz 2: ¿Tardará mucho?

Voz 1: _____

Voz 2: Entonces llamaré más tarde.

Voz 1: _____

Voz 2: Sí, que lo ha llamado Isabel Camacho.

Voz 1: _____

Voz 2: Muchas gracias.

Voz 1: _____

EL CONTESTADOR AUTOMÁTICO

Son elementos utilizados cada vez con mayor frecuencia. El siguiente puede ser un ejemplo del mensaje a grabar en el contestador: "Este es el contestador automático de la Secretaría General de Volkswagen de Brasil. Por favor, deje su nombre, mensaje y número de teléfono tras oír la señal".

De igual manera, cuando usted requiera dejar un mensaje, hable en forma clara, lenta, vocalizando muy bien para evitar confusiones. Estos son los principales puntos a decir:

nombre, cargo, empresa, a quién va dirigido el mensaje, motivo del mismo (pedido, reclamación, etc.) y número de teléfono.

Ejemplo: *Mi nombre es María Holaya, Directora de Mercadeo de Windows. Me urge hablar con el Doctor Mendieta sobre nuestra cita. Mi número de teléfono es 33......... Gracias.*

EL MÓVIL O CELULAR

Se debe utilizar el teléfono móvil o celular en situaciones que no moleste a los demás. Utilícelo con cierta prudencia. Evite utilizar el móvil:

- en cualquier sitio donde se represente un espectáculo (teatro, ópera, cine, musical, etc.);
- en sitios donde se celebre un acto o ceremonia (iglesias, conferencias, discursos, etc.);
- en el coche, cuando usted esté manejando;
- en hospitales, aviones y sitios donde pueden producir interferencias.
- si acude a un despacho, no coloque su móvil sobre su mesa (podría tomarse como una especie de invasión);
- comer con el móvil a un lado como un cubierto más;

Lleve el móvil de forma natural y discreta. Se puede utilizar en el trabajo, en determinadas reuniones donde necesitamos consultar algún tema con alguien que no está presente, en su coche (si tiene el audífono mono auricular o el *kit* de "manos libres") y, por regla general, en su entorno profesional y laboral, y sitios que, por extensión, sean aplicables alguno de los casos anteriores. Si recibe alguna llamada en presencia de más personas, lo correcto es retirarse a un sitio apartado para hablar y pedir disculpas por ausentarse. Apague el celular antes de entrar a una reunión o a una función y cuando no desee que le interrumpan.

DOCE REGLAS DE ORO PARA SUS CONVERSACIONES DE NEGOCIOS POR TELÉFONO

1. Envíe un fax o correo electrónico previo a su conversación. Así, la persona podrá prepararse y estará esperando su llamada.
2. Asegúrese de tener todos los documentos e información que necesitará antes de marcar el número.
3. Su interlocutor puede no entenderlo fácilmente; se recomienda siempre hablar lenta y **claramente**. Esto es particularmente importante cuando no se domina el idioma en el cual se lleva a cabo la conversación.
4. Recuerde que la otra persona no lo está viendo y no puede ver el lenguaje corporal que normalmente acompaña una conversación persona a persona. Por lo anterior, siempre **confirme** si entendió o no cada punto tratado. No afirme que comprendió cuando en realidad no lo ha hecho.
5. La otra persona no puede ver lo agradable que es usted: asegúrese de sonar **amable**.
6. Su interlocutor no tiene todo el día: sea **breve**.
7. Recuerde que la otra persona se esta llevando una impresión de su compañía mientras usted habla: asegúrese de sonar **eficiente**. La imagen de su empresa puede estar en juego, aunque sólo se trate de tomar un mensaje.
8. No confíe en su memoria: tome notas durante su conversación. En algunos casos es conveniente rescribirlas y guardarlas como un registro de la llamada.
9. Sonría mientras habla. Por imposible que parezca su interlocutor puede "oír" su sonrisa.
10. Evite bromear, podría crear un malentendido.
11. No interrumpa, deje que la persona termine de decir lo que quiere. De no hacerlo, podría confundir el mensaje. Además, es de mala educación y puede ser considerado una falta de respeto.

> 12. Mande un fax o correo electrónico de seguimiento para confirmar cualquier detalle importante (sobretodo si se trata de precios y números), así los dos tendrán un registro por escrito. **Consejo**: No interfiera en asuntos ajenos.

Es difícil no escuchar las conversaciones telefónicas de los demás, cuando los escritorios están muy juntos. Así es que no haga referencia a conversaciones ajenas que escuchó al pasar. Y cuando esté al teléfono no hable de temas que no quiere que los demás escuchen. Por otro lado, tampoco es recomendable ver los monitores de sus compañeros sin su permiso.

REFRANES

Las palabras se las lleva el viento: siempre es menos seguro lo hablado que lo escrito.

No hay mal que por bien no venga: un suceso desafortunado a menudo se convierte inesperadamente en feliz.

Ojos que no ven, corazón que no siente: el sufrimiento causado por algo que no se puede contemplar será siempre menor que el de aquello que se tiene ante los ojos.

Quien mucho abarca poco aprieta: quien quiere realizar al mismo tiempo muchas cosas no hace bien ninguna.

LOCUCIONES ADJETIVAS

Son expresiones o frases hechas de uso corriente.

Dejado de la mano de Dios: desgraciado, abandonado a su suerte.

De mala muerte: aplicado a cosas, de poca categoría.

De padre y señor mío: muy grande o extraordinario en su género.

Hecho y derecho: dicho de personas, cabal.

Loco de atar: enajenado o trastornado en extremo.

Sano y salvo: indemne, sin ningún daño o desperfecto.

> *Nadie, mientras se disloca por las corrientes de la vida, está libre de problemas.*
>
> Carl Jung
> (1875-1961)

CAPÍTULO 8

ORGANIZACIÓN
DE UN VIAJE

*El cambio es siempre poderoso.
Lanza siempre sus anzuelos.
En el lago donde menos espera,
estará el pez.*

Ovídeo
(43 a.C.-ca. 18 d.C.)

La organización de un viaje en función del trabajo o "viaje de negocios" es la misma de cualquier viaje de excursión o de turismo, con algunas excepciones relativas a los objetivos que la empresa se propone alcanzar con ello y a los protocolos específicos del mundo de los negocios. Entonces, bien vale la pena ponerle toda nuestra atención y tener en cuenta todas las recomendaciones al respecto, pues no hacerlo implicaría inconvenientes importantes como pérdidas económicas para la empresa y hasta la pérdida del empleo para el jefe o trabajador.

La siguiente lista de chequeo es un ejemplo de qué se puede tener en cuenta; cada quien le incluirá los ítems que considere necesarios para cada caso particular.

LISTA DE CHEQUEO PARA PREPARAR UN VIAJE

- Lugar a dónde se viaja.
- Por cuánto tiempo.
- Motivo del viaje.
- Fecha de salida y de regreso.
- Reserva de pasajes y relación de conexiones.
- Reservas en hoteles.
- Qué tipo de transporte va a requerir para sus desplazamientos en el lugar.
- Alquiler de carro particular.
- Documentos como requisito para viajar.
- Seguros médicos, de accidente, etc.
- Documentos de trabajo completos.

> ~ Consecución y confirmación de citas y entrevistas.
> ~ Tener en cuenta los diferentes climas.
> ~ Incluir ropa adecuada al clima y a los eventos a los que se asiste.
> ~ Nombre de la(s) persona(s) que lo recibirá(n), con sus respectivos teléfonos.
> ~ Lista de teléfonos, para casos imprevistos.

8.1 LA CLASE EJECUTIVA

En general, en los aviones hay tres clases de servicio: la primera clase, la clase ejecutiva y la clase turismo. La parte de adelante del avión está reservada a la primera clase y sigue la clase ejecutiva. Esa separación se hizo para todas las personas que puedan acceder a un mayor confort, por la amplitud de los espacios y la dedicación en el servicio. Para los viajeros frecuentes, como reconocimiento de la empresa por escogerlos entre todas las aerolíneas, y para los ejecutivos de las empresas que viajan en plan de negocios, con tiempos reducidos y objetivos muy precisos.

Para ésos últimos, es muy agotador viajar entre los espacios reducidos de la clase turista, en medio del ruido de niños y adultos que hablan en voz alta, juegan, se mueven, lloran y perturban las actividades y/o el descanso que el ejecutivo requiere tener mientras llega a su destino.

La primera clase y la clase ejecutiva tienen costos más elevados, pero eso significa un valor agregado para la empresa, que necesita a su representante descansado para enfrentar las interminables reuniones, citas de trabajo y el logro de los objetivos propuestos, o que necesite de espacio y tranquilidad para organizar sus papeles y revisar sus planes durante el viaje.

En ella, el viajero dispone de cómodos y amplios asientos reclinables, menú especial, carta de licores y un sistema de entretenimiento con varios canales de audio y pantalla individual de video. Algunas aerolíneas cuentan con asientos más modernos, con sillas de masajes electrónicos en el respaldo, soporte lumbar, luz direccional de lectura, entre otros detalles.

El servicio en esa categoría empieza en tierra, donde existe un mostrador especial de *check-in*, que evita las grandes colas que la clase turista tiene que enfrentar. Ellos disponen de salas de espera hasta el momento del embarque, donde encuentran desde confortables sillones, diarios, revistas, comida y bebidas, escritorios de trabajo, acceso inalámbrico a internet y, según las instalaciones, hasta duchas. Las ventajas finalizan cuando termina el viaje con la entrega prioritaria del equipaje.

ACTIVIDAD

1. Por favor, responda:
    a) ¿Qué personas tienen acceso a los servicios de la primera clase y de la clase ejecutiva? _____
    b) ¿La clase ejecutiva tiene el mismo precio que la clase turista? ¿Por qué? _____
    c) ¿Existen diferencias entre las dos clases? ¿Cuáles? _____
    d) ¿Dónde inicia el servicio de la clase ejecutiva? Explique _____
    e) ¿Sabes cómo funciona el sistema de millas? _____

8.2 LA EMPRESA Y LA AGENCIA DE VIAJES

Por lo general, las empresas cuentan con una agencia de viajes de su preferencia, que facilita la tarea en la consecución de vuelos, hoteles y transportes terrestres, aéreos y fluviales. Es conveniente mantener excelentes relaciones con esas entidades, que aportan ganancia en tiempo y calidad de los servicios (por el conocimiento y experiencia que tienen en la especialidad), pero también es necesario solicitar los servicios con la debida anticipación, con el fin de hacer buen uso de las promociones y descuentos que se encuentren vigentes, el acceso a la primera clase y a la clase ejecutiva y los beneficios para el pasajero con la acumulación de millas por cada viaje realizado.

¿CÓMO PREGUNTAR EN LA AGENCIA DE VIAJES?

En las agencias de viajes se puede pedir información de la siguiente manera, varias de estas frases van en tiempo condicional:

Ejemplo:
— *Buenos días señorita, habla Gloria Pérez, secretaria general de Chocolates Nieve S.A. Estamos interesados en la adquisición de unos pasajes. Usted me podría informar¿ qué vuelos hay en clase ejecutiva de São Paulo a Nueva York?*

ACTIVIDAD

2. Siga las pautas del ejemplo anterior, redacte una petición de información y utilice cada una de las siguientes frases:

   a) ¿Tendría la amabilidad de informarme las ofertas de viajes para estas vacaciones?

   b) ¿Podría regalarme el folleto de rutas turísticas para el norte de España?

   c) ¿Sería posible cambiar el itinerario?

   d) Nos gustaría pasar cinco días en Chile. ¿Qué ofertas de viajes tienen?

   e) ¿Tienen viajes a México que incluya el vuelo de ida y regreso con estadía de cinco días en un hotel de cinco estrellas?

   f) ¿Está previsto el transporte al hotel desde el aeropuerto?

   g) ¿Qué documentos se necesitan para viajar?

OTRAS PREGUNTAS Y RESPUESTAS FRECUENTES:
FECHA Y DURACIÓN DEL VIAJE

En cuanto a la fecha y duración del viaje puede preguntar y responder así:

— *En principio, pretendo pasar una noche en Lima.*

— *Quisiera pasar la primera semana de julio en las playas del Caribe.*

— *Quisiéramos salir el 2 de julio y volver el 18 de julio.*

— *¿Cuál es la hora de llegada teniendo en cuenta la diferencia de horario?*

SOBRE LOS PRECIOS DEL VIAJE

Es importante definir cuánto quiere o puede gastar en el viaje para hacer su presupuesto.

— *Quisiera que el viaje no me saliera tan costoso. ¿Tiene usted alguna oferta?*
— *¿A partir de qué fecha comienza la temporada baja?*
— *¿Cuánto cuesta la habitación doble por noche?*
— *¿Qué me costaría por noche una habitación individual en un hotel tres estrellas?*
— *¿El desayuno está incluido en el precio de la habitación?*
— *¿Hay algún descuento por familia numerosa?*
— *¿Está permitido llevar perros? ¿Cuánto cuesta el transporte?*

SOBRE LOS VUELOS

Puede utilizar algunas de las siguientes frases para obtener información en una agencia de viajes o una compañía aérea:

— *¿Por favor, me podría informar los horarios y precios de los vuelos de Rio de Janeiro a Bogotá?*
— *¿Sería tan amable de darme información sobre los vuelos a Machu-Pichu?*
— *¿Tienen ustedes algún vuelo a Buenos Aires con tarifa reducida?*
— *¿Qué vuelos hay para Montevideo con tarifa ejecutiva?*
— *¿Qué compañía aérea vuela a Madrid?*
— *¿Es un vuelo regular o un vuelo chárter?*
— *¿Hay algún vuelo directo a Lisboa?*
— *¿Es un vuelo con escala?*

EN EL AEROPUERTO

— *Buenos días, señorita, ¿podría decirme a cuál terminal tengo que dirigirme para tomar un vuelo internacional?*
— *¿En qué mostrador puedo registrar mi equipaje para un vuelo nacional?*
— *¿De qué puerta de embarque sale el avión?*
— *Por favor ¿a qué hora es el embarque?*
— *¿Sería tan amable de indicarme dónde está la puerta de embarque número 5?*

— Aquí tiene mi tarjeta de embarque.
— No llevo equipaje de mano.

EN EL MOSTRADOR DE INFORMACIÓN

Cuando llegue al aeropuerto puede dirigirse al mostrador de informaciones y preguntar:

— Por favor, ¿dónde se registra el equipaje?
— Por favor, ¿a partir de qué hora se puede registrar el equipaje?
— ¿Ya puedo colocar mis maletas en la cinta transportadora?
— ¿Qué documentos debo presentar en el mostrador de registro?
— ¿A qué hora es el embarque?
— ¿Cuál es el peso máximo que se puede registrar?
— ¿Cuál es el peso máximo de equipaje de mano?
— ¿Cuánto dura el vuelo?
— ¿A qué hora está prevista la llegada del vuelo?
— ¿A qué aeropuerto llega el avión?
— ¿Qué transportes públicos hay al aeropuerto?

ACTIVIDAD

3. Su jefe necesita viajar a Madrid a una reunión de trabajo y le ha pedido una programación detallada de las cosas que debe decir en cada una de las diferentes situaciones. Su tarea es la de definir lo siguiente:

   a) ¿El viaje será en clase ejecutiva o turista?
   b) ¿Qué cosas debe preguntar en la agencia de turismo y cómo se dicen?
   c) ¿Qué documentación se necesita para salir del país?
   d) Fecha y duración del viaje.
   e) Precios.
   f) Información sobre los vuelos.
   g) ¿Qué debe decir en el aeropuerto?
   h) ¿Cómo preguntar sobre la llegada del equipaje?

Antes de entregar el informe, compártalo con una persona más cercana e intercambien informaciones. Coloque aparte aquellos aspectos que olvidó incluir y anéxelos.

8.3 LOS DOCUMENTOS PARA VIAJES NACIONALES E INTERNACIONALES

Para viajar necesitamos realizar el trámite para que los documentos estén al día. Veamos qué se necesita:

- Para viajes aéreos por el Brasil, se necesita presentar el original del documento de identidad – RG (Registro General). Sin embargo, el Ministerio de la Aeronáutica acepta otros documentos oficiales equivalentes, como la tarjeta de conductor, el Crea, el OAB, etc.
- Para países del Cono Sur, es válido ingresar con el RG. Pero el que desee hacer compras en el *free shop* de los aeropuertos debe presentar su pasaporte.
- Solamente Guyana exige visa para brasileños. En Bolivia, Colombia y Perú, es requisito indispensable la aplicación de la vacuna contra la fiebre amarilla, por lo menos con diez días de antelación al viaje. Tenga en cuenta que el certificado de vacunación se debe presentar junto con el pasaporte.
- Para los Estados Unidos, se necesita visa, la que se adquiere en el Consulado Americano. Los ciudadanos con pasaporte de la Comunidad Europea no necesitan visa para viajar a la Europa y a los Estados Unidos.
- Si va a conducir un automóvil en el exterior, tenga en cuenta que la mayoría de los países acepta la Tarjeta Nacional de Conducir como documento válido para conducir vehículos, pero algunos países (por ejemplo, Italia) exigen que el conductor tenga una Tarjeta Internacional de Conducir. Los documentos necesarios para la emisión de ese documento son muy sencillos. Diríjase al órgano competente y solicite su tarjeta con anticipación.

DOCUMENTACIÓN PARA MENORES

Para viajes dentro del Brasil, los menores que todavía no han cumplido los 12 años de edad necesitan autorización para viajar solos. La autorización puede ser obtenida en los puestos de Juzgado de Menores, en los aeropuertos y en los terminales de autobuses, mediante solicitud de uno de los padres, abuelos o hermanos mayores de 21 años. Los menores que ya cumplieron los 12 años de edad no necesitan autorización para viajar sin acompañante.

Para viajes internacionales, es necesaria la autorización del padre y de la madre. Si el menor viaja en compañía de uno de los padres, la autorización del otro es obligatoria. Cuando viaja solo, deberá estar bajo la guardia de la compañía aérea, tanto en tierra como a bordo. Los mayores de 12 años y menores de 18 años, pueden viajar desacompañados con autorización de los padres, anotada por el Departamento de Policía Federal en el pasaporte. Cuando el menor está acompañado de uno de los padres con autorización del otro, es necesario presentar el documento que acredite el permiso otorgado por el padre que lo concede o que no viaja.

Las autorizaciones (obtenidas en puestos de juzgado de menores, notarías o en el foro de la ciudad) deben ser presentadas en original y con firma reconocida o autenticada en notaría. Hay variaciones de acuerdo con los juzgados de cada comarca. Por eso, antes de viajar, el pasajero o su responsable debe informarse sobre las normas locales.

8.4 EL EQUIPAJE

La elaboración del equipaje se puede convertir en una tarea tediosa y dispendiosa, si no se tiene la experiencia en viajes frecuentes y si no se tienen claros los objetivos del mismo. Bien sea para viajes de trabajo como para los de placer, es conveniente tener en cuenta las recomendaciones dadas por los expertos (lo que también incluye el cuidado que se debe tener con el equipaje dentro de los aeropuertos, estaciones de trenes o terminales de transporte). Veamos algunas:

- Escoger maletas o bolsos de un material y piezas adecuadas para transportes como el del avión, donde el cargue y descargue del equipaje se lleva a cabo sin ningún miramiento ni consideración. Las de material compacto, con ruedas y maneras de arrastre, son muy convenientes porque protegen el contenido y facilitan el transporte por los largos pasillos de los aeropuertos, de las estaciones de trenes, de los terminales de transporte, etc.

- Seleccionar muy bien la cantidad de ropa y accesorios que lleva dentro de la maleta, si bien es cierto que ella debe estar en función de las citas, entrevistas y reuniones concertadas. También es cierto que el equipaje debe ser lo más ligero, reducido y manejable posible, muchas veces se regresa con cosas que ni siquiera son usadas. Existe un refrán popular que dice "En viaje largo hasta la paja pesa".
- No olvidar un par de zapatos cómodos o tenis para las caminadas.
- Tener cuidado con el peso para que no sobrepase los kilos permitidos. En general, las maletas con peso superior a 20 kilos pagan exceso de equipaje.
- Colocar etiquetas con el nombre del pasajero dentro y fuera de la maleta y hacer una marca para personalizarla. De esa manera, es más fácil identificarla en caso de que se extravíe o en caso de encontrar maletas iguales en el mismo viaje.
- Es prudente que la maleta esté bien cerrada y asegurada, bien puede ser con candado de llave o de clave personal.
- El champú, cremas y perfumes, es mejor llevarlos en potes pequeños. Si se están agotando aún mejor para no traerlos de vuelta.
- Llevar las joyas, documentos, dinero y objetos de valor personal en el equipaje de mano.
- Llegar temprano al chequeo (presentarse con 3 horas de anterioridad a la indicada para el vuelo) y asegurarse de que la etiqueta del equipaje es la correcta.
- Guardar los recibos de todas las compras que haga y cuidar de no exceder el límite de dólares establecido por persona.
- Es mejor llevar la maleta lo más liviana posible, para tener espacio para las compras que haga durante el viaje.
- Nunca perder de vista el equipaje en el aeropuerto y de ninguna forma aceptar pedidos para llevar encomiendas. De todos es conocido el riesgo que se corre al acceder a esas solicitudes.

8.5 ETIQUETA AÉREA

Los vuelos, tanto nacionales como internacionales, son utilizados cada vez por más personas. Se ha incrementado el número de aeropuertos, se han rebajado las tarifas aéreas hasta niveles jamás pensados y se han multiplicado los destinos. Por eso, el uso del avión es mucho más habitual que hace unos años y es necesario tener en cuenta algunos comportamientos en ese tipo de espacios reducidos.

- Cuando llegue la hora de embarcar, hay que ubicarse en la fila correspondiente, respetando el orden de aparición de cada uno de los viajeros. Procure no empujar ni golpear a otras personas con el equipaje de mano o bolsas. Es normal que se formen ciertas aglomeraciones ante el anuncio para embarcar, por eso, no contribuya a formar más desorden. Recuerde que los asientos están asignados y que mientras no ingresen todos los pasajeros al avión, éste no despegará.

- Cuidar de ocupar el asiento que le corresponde, de acuerdo con el asignado en el billete. No hacerlo supone una molestia tanto para la persona que fue destinada a aquel asiento como para el personal de a bordo. Si se equivoca al sentarse, pedir disculpas y buscar el asiento correcto.

- Como en los aviones está muy bien delimitado el equipaje de mano, tener en cuenta que el espacio destinado para ello es para el uso de todos los pasajeros. Procurar hacer uso razonable del espacio y permitir que los demás lo hagan de la misma manera. El pasillo debe estar libre para facilitar el tránsito de los pasajeros y el personal de a bordo. Acatar la norma de no ubicar equipaje en ellos para prevenir todo tipo de accidente o interferencia en caso de emergencia.

- Tanto al entrar como al salir, saludar de forma cordial al personal de a bordo; recordar que una cosa es saludar (buenos días, buenas noches, hasta otra ocasión, etc.) y otra es charlar con ellos, entorpeciendo la entrada o la salida de los pasajeros.

- Si, durante el vuelo, quiere llamar para hacer una solicitud (un periódico, una bebida, etc.) toque el botón correspondiente y trate con educación y respeto al personal. Todo ser humano, por el solo hecho de serlo, merece respeto y consideración, aún más cuando se encuentran desempeñando una labor de servicio a las demás personas.

- No importunar a los compañeros de asiento cuando estén leyendo, escribiendo, viendo televisión, durmiendo, etc. Esperar una mejor ocasión para hacerles una pregunta o entablar una conversación.
- Quien va acompañado de niños pequeños o personas muy mayores debe estar atento para no molestar a otros pasajeros o al propio personal de a bordo. Tampoco permitir que no hagan buen uso o jueguen con los utensilios o accesorios de su entorno.
- Si hay algún inconveniente por retraso en la atención de las peticiones o por cualquier otra razón, tratar el tema con prudencia; tener en cuenta que, en un espacio tan reducido, levantar la voz o utilizar malas maneras puede poner muy nervioso al resto de pasajeros. Guardar la compostura en todo momento contribuye para que el viaje sea más amable y placentero para todos los pasajeros.
- Tener en cuenta la duración del vuelo para que se provea tanto de víveres como de entretenimiento, con el fin de que el tiempo transcurra en armonía con los gustos y preferencias del pasajero.

ACTIVIDAD

4. En el avión la azafata le ofrece al pasajero el servicio de a bordo. Por favor, complete el siguiente diálogo:

Azafata: Buenos días, ¿desea leer el periódico?
Pasajero: _____.
Azafata: ¿Cuál prefiere?
Pasajero: _____.
Azafata: ¿Desea beber algún jugo?
Pasajero: _____.
Azafata: Tenemos de naranja, sandía, durazno y manzana.
Pasajero: ¿_____?
Azafata: Si desea ver la película, aquí están los auriculares.
Pasajero: _____.
Azafata: Si desea algo más, estoy a sus órdenes.
Pasajero: ¿_____?
Azafata: A las dos de la tarde.
Pasajero: _____.

8.6 PARA SALIR DEL AEROPUERTO

Cuando salimos del avión necesitamos recoger el equipaje en el área de desembarque. ¿Cómo podemos preguntar?

— Por favor, ¿me podría decir dónde hay que ir a retirar las maletas del vuelo que llegó de Caracas?
— ¿Dónde podría encontrar un carro para llevar las maletas?
— ¿A dónde tengo que informar que mis maletas no llegaron?
— ¿Dónde puedo reclamar que mi maleta ha llegado rota?

ACTIVIDAD

5. Su jefe va a viajar a una Convención Internacional en Cartagena, Colombia. La casa matriz de la empresa ha decidido que, a ese viaje, los gerentes pueden llevar a su esposa e hijos. El hijo mayor tiene 18 años y la hija menor 10 años. Su tarea es la de informarse con la agencia de viajes sobre todos los puntos importantes: los sitios turísticos para visitar, la documentación necesaria, lo que ellos tienen que decir en los diferentes casos. El informe debe ser presentado incluyendo folletos, anexos y las preguntas precisas para cada situación en particular.

PREGUNTAS Y FRASES ÚTILES

~ ¿Qué significa...?
~ ¿Cómo se escribe?
~ ¿Cómo se dice?
~ ¿Me puede ayudar por favor?
~ ¿Qué es _____ en Español?
~ Perdón. No entiendo.
~ Puede repetirlo, por favor.
~ No sé.
~ Hable despacio, por favor.

8.7 AYUDAS PARA LOS INFORMES ESCRITOS

En el lenguaje escrito, tratamos de reproducir el lenguaje oral. Por eso, se dice que "escribo como hablo". Sin embargo, el lenguaje escrito requiere precisión y claridad. Cuando nos decidimos a escribir un texto, debemos formularnos algunas preguntas:

- ¿Sobre qué quiero escribir?
- ¿Qué conozco y qué debo saber?
- ¿Qué deseo decir?
- ¿Cuál es la finalidad y la intención?
- ¿Qué orden debo seguir?
- ¿Cómo pienso expresar?
- ¿A quién me dirijo?

PAUTAS DE REDACCIÓN

Sánchez Lobato (2007), recomienda algunas pautas de redacción:

1) Acomode las ideas a los párrafos. Aunque estén formulados por una o varias oraciones, en conjunto, deben expresar una sola información.
2) Utilice adecuadamente los conectores:
   - Para sumar ideas use palabras como: *además, asimismo, también, al mismo tiempo, de igual forma*;
   - Para introducir ideas que se oponen: *sin embargo, en otro orden de ideas, no obstante, de otro modo, por el contrario*;
   - Para introducir otro tema: *en relación con, en lo tocante, respecto a, sobre*.
   - Para expresar opiniones: *en mi (nuestra) opinión, a mi (nuestra) manera de ver, considero (-amos), al respecto opino (-amos)*
   - Para señalar consecuencia: *en consecuencia, por tanto, por consiguiente, en tal sentido, como resultado, en efecto*.
3) Evite las explicaciones innecesarias, dificultan captar la idea central y solo contribuyen a abultar el texto.
4) Eluda la repetición de términos (recurra a sinónimos) y la redundancia.
5) Huya de frases hechas.

6) Demuestre el rigor profesional de su trabajo: admita los límites del mismo desde una perspectiva científica. Apóyese en otros estudios para ello.
7) Permita que un tercero lea su trabajo antes de cerrarlo completamente. Ello puede ayudarle, como primera evaluación de sus planteamientos, a evitar incoherencias.

> ## LECTURA
> **El avión de la bella durmiente**
> **Gabriel García Márquez**, del libro *Doce Cuentos Peregrinos*
>
> *Era bella, elástica, con una piel tierna del color del pan y los ojos de almendras verdes, y tenía el cabello liso y negro y largo hasta la espalda, y una aura de antigüedad que lo mismo podía ser de Indonesia que de los Andes. Estaba vestida con un gusto sutil: chaqueta de lince, blusa de seda natural con flores muy tenues, pantalones de lino crudo, y unos zapatos lineales del color de las bugambilias. "Esta es la mujer más bella que he visto en mi vida", pensé, cuando la vi pasar con sus sigilosos trancos de leona, mientras yo hacía la cola para abordar el avión de Nueva York en el aeropuerto Charles de Gaulle de París. Fue una aparición sobrenatural que existió sólo un instante y desapareció en la muchedumbre del vestíbulo.*
>
> *[...] El vuelo de Nueva York, previsto para las once de la mañana, salió a las ocho de la noche. Cuando por fin logré embarcar, los pasajeros de la primera clase estaban ya en su sitio, y una azafata me condujo al mío. Me quedé sin aliento. En la poltrona vecina, junto a la ventanilla, la bella estaba tomando posesión de su espacio con el dominio de los viajeros expertos. "Si alguna vez escribiera esto, nadie me lo creería", pensé. Y apenas si intenté en mi media lengua un saludo indeciso que ella no percibió.*
>
> *[...] Fue un viaje intenso. Siempre he creído que no hay nada más hermoso en la naturaleza que una mujer hermosa, de modo que me fue imposible escapar ni un instante al hechizo de aquella criatura de fábula que dormía a mi lado. El sobrecargo había desaparecido tan pronto como despegamos,*

Fuente: GARCÍA MARQUEZ, 2006.

y fue reemplazado por una azafata cartesiana que trató de despertar a la bella para darle el estuche de tocador y los auriculares para la música. Le repetí la advertencia que ella le había hecho al sobrecargo, pero la azafata insistió para oír de ella misma que tampoco quería cenar. Tuvo que confirmármelo el sobrecargo, y aun así me reprendió porque la bella no se hubiera colgado en el cuello el cartoncito con la orden de no despertarla.

[...] El sueño de la bella era invencible. Cuando el avión se estabilizó, tuve que resistir la tentación de sacudirla con cualquier pretexto, porque lo único que deseaba en aquella última hora de vuelo era verla despierta, aunque fuera enfurecida, para que yo pudiera recobrar mi libertad, y tal vez mi juventud. Pero no fui capaz. "Carajo", me dije, con un gran desprecio. "¡Por qué no nací Tauro!". Despertó sin ayuda en el instante en que se encendieron los anuncios del aterrizaje, y estaba tan bella y lozana como si hubiera dormido en un rosal. Sólo entonces caí en la cuenta de que los vecinos de asiento en los aviones, igual que los matrimonios viejos, no se dan los buenos días al despertar. Tampoco ella. Se quitó el antifaz, abrió los ojos radiantes, enderezó la poltrona, tiró a un lado la manta, se sacudió las crines que se peinaban solas con su propio peso, volvió a ponerse el cofre en las rodillas, y se hizo un maquillaje rápido y superfluo, que le alcanzó justo para no mirarme hasta que la puerta se abrió. Entonces se puso la chaqueta de lince, pasó casi por encima de mí con una disculpa convencional en castellano puro de las Américas, y se fue sin despedirse siquiera, sin agradecerme al menos lo mucho que hice por nuestra noche feliz, y desapareció hasta el sol de hoy en la amazonia de Nueva York.

Junio 1982

Lo que oigo, olvido.
Lo que veo, me acuerdo.
Lo que hago, aprendo.

Confucio
(551-479 a.C.)

CAPÍTULO 9

EL HOTEL

*La gran ventaja de un hotel
es que constituye un refugio
de la vida del hogar.*

G. B. Shaw
(1856-1950)

El Diccionario de la Real Academia Española (2013) define la palabra hotel como el "establecimiento de hostelería capaz de alojar con comodidad a huéspedes o viajeros".

Actualmente, los servicios de hospedaje están reunidos en un concepto más amplio de hospitalidad, que reúne varios campos – el doméstico, el público y el comercial – y define para cada una de esas instancias las funciones de recibir, hospedar, alimentar o entretener. Así, la hospitalidad se aplica a todos los servicios de atención a clientes de hoteles, restaurantes y afines, parques temáticos, hospitales, etc. En ese sentido, la hospitalidad se preocupa en promover el bien estar de las personas que son recibidas en los recintos familiares, públicos o comerciales.

Al ubicar el alojamiento adecuado para un viaje de negocios, debe tener en cuenta:
- El presupuesto con que cuenta la empresa. De acuerdo con la disponibilidad de dinero, se pueden estudiar diferentes opciones dentro de un rango que se adecue tanto a dicho presupuesto como el nivel del ejecutivo dentro de la empresa.
- El objetivo del viaje y la agenda a desarrollar. Si es un viaje de negocios con reuniones fuera del hotel, o seminario, o congreso; seguramente no se requerirá un sitio con mucha zona social ni zonas húmedas, en ese caso se preferirá la comodidad de las habitaciones y lugares de descanso. Pero si la agenda permite disponibilidad de tiempo y el ejecutivo lo desea; se puede optar por hoteles con amplias zonas verdes, gimnasio, piscinas y saunas, masajes, zonas de juegos, discoteca, un buen servicio de restaurante y por supuesto, habitaciones confortables.

- Los gustos y preferencias. Lo más práctico y lo que produce mejores resultados, es que el hotel se ajuste a los gustos y preferencias de la persona que va a viajar. Para ello, lo más conveniente es preguntar (o, de antemano, buscar la manera de informarse de los gustos y preferencias de todos). De todas maneras, informe a su jefe de las características del lugar donde se va a hospedar.

9.1 PREGUNTAS SOBRE EL HOTEL

La comunicación anterior con los hoteles se pude hacer por teléfono, fax o por la internet. La mayoría de los hoteles aceptan reservaciones en sus sitios electrónicos. Para estar seguro de la calidad del hotel que está escogiendo, reúna estos datos:
- ubicación dentro de la ciudad;
- categoría de acuerdo al número de estrellas;
- servicios que ofrece;
- número de habitaciones;
- disponibilidad para los días requeridos;
- descripción de la planta física;
- descripción de las habitaciones;
- valor diario;
- formas de pago;
- qué incluye el hospedaje.

9.2 RESERVAR UN HOTEL

Las reservas de los hoteles se pueden hacer por diferentes medios. Si la empresa cuenta con una **agencia de viajes** de confianza o escogida para esas funciones, ésa es la mejor opción y la más segura, ya que ellos tienen personal especializado en la materia, conocedor incluso de las calidades de las diferentes cadenas de hoteles, sus oportunidades y promociones. Usted sólo tiene que escoger entre las opciones que le presente la agencia de viajes.

Por medio del teléfono. Las páginas amarillas de los directorios telefónicos, tienen una sección destinada a hotelería y turismo, ese medio tiene la ventaja de poder preguntar todo lo que usted quiera saber y pedir que le envíen más información por fax o internet y, aun más, solicitar la página *web* para visitarlos.

La internet, resulta bastante cómoda porque usted puede ver por medio de fotografías o imágenes cómo es el hotel, sus instalaciones, habitaciones y servicios que ofrece. Si es de su agrado, llene los datos que son solicitados por medio de un formulario. Debe enterarse muy bien sobre las condiciones de pago, porque generalmente son por medio de una tarjeta de crédito, y, principalmente, informase cuáles tarjetas de crédito el hotel acepta, para evitar problemas en el momento de pagar. Cuando el hotel cobra por adelantado, hay que cuidar muy bien porque, si por alguna razón el viaje no se realiza o cambia de fecha, debe tener claro qué va a pasar con el dinero abonado por medio de la tarjeta. Hay hoteles que dejan bien claro las condiciones de anulación de la reserva, con advertencias como esta:

> "Comprendemos que no siempre podemos concretar nuestros planes. No cobramos una tasa de alteración o de anulación de la reserva. Sin embargo, este establecimiento impone a sus clientes la siguiente penalidad que tenemos el deber de comunicar: cancelaciones o alteraciones hechas después de 00:00 (hora local u otra referencia) están sujetas a una penalidad de una diaria + tasas. El establecimiento no efectúa cualquier reembolso por no comparecencia o *checkouts* anticipados."

¿CÓMO BUSCAR?

Cuando estemos buscando un hotel debemos saber encontrar nuestras informaciones en la internet. Para esto:

- Utilice el buscador de su preferencia para localizar los hoteles. Por ejemplo, escriba "Hoteles + Miami" y el buscador indicará una relación de sitios de referencia. También directamente en las páginas de divulgación de las ciudades en la internet se encuentra un buscador de hoteles. Hay que precisar la fecha de llegada y regreso además de las preferencias en lo que concierne al tipo de hotel y habitaciones. Después de hacerlo hay que pulsar "Ver los precios".

- Luego aparecerá una ventana con los resultados de la búsqueda. Todas las ofertas de hoteles están en la ventana, clasificadas según el precio, desde las más económicas hasta las más costosas. El botón de clasificación en la cabeza de la página permite escoger las categorías. Se puede elegir una clasificación por orden alfabético, según la localización del hotel, o según el número de habitaciones.

- Al pulsar el nombre del hotel o su imagen, el ordenador lo lleva a la página *web* del hotel. Cada una de esas páginas cuenta con otras que proporcionan información sobre: habitaciones, precios, plano de la ciudad con la localización del hotel indicado, servicios hoteleros, opiniones de los clientes, foto galería, hoteles similares, etc. Es recomendable comparar la oferta para elegir la que más convenga.

SOBRE LAS RESERVAS

Veamos qué podemos hacer para realizar la reserva de un hotel.

1) Las reservas pueden efectuarse mediante la página a partir de los resultados de la búsqueda o mediante la página del hotel elegido. Lo único que se debe hacer es pulsar el botón "Reservar" e indicar el número de habitaciones requeridas. Después de elegir la habitación se pulsa el botón "Enviar" para pasar al formulario de reserva.

2) El formulario de reserva contiene las habitaciones elegidas, los precios de cada una y el precio total. El sistema indicará si la reserva puede ser efectuada directamente (en línea) o si es una reserva a solicitud del cliente que requiere la ayuda de nuestros agentes. También hay que indicar la forma de pago (Pagar en el hotel o Pagar por adelantado). Luego habrá que proporcionar los datos personales.

3) El paso siguiente consiste en enviar el formulario. Si es posible hacer una reserva inmediata, se tendrá que pagar en línea o los datos pertinentes de su tarjeta de crédito. Una vez facilitada la información necesaria se recibirá una carta de

confirmación (si el pago no se ha realizado todavía) o un cupón del hotel en el caso de pago por adelantado.

CONSEJOS ÚTILES SOBRE LA RESERVA DE HOTEL

Le presentamos algunos consejos útiles sobre las reservas. Esto le evitará disgustos.

- Confirmar la reserva de la habitación con el propio hotel, aunque se tenga el papel de la reserva hecha a través de la internet o la agencia de viajes le haya proporcionado un *voucher* para la habitación de hotel.
- Conservar el localizador de la reserva. Es la clave a la hora de reclamar un problema con la reserva de habitación.
- Avisar a la recepción del hotel si hay problemas para llegar, con el fin de evitar que cancelen su reserva. Consulta con el propio hotel sobre el límite de horario de entrada, porque puede variar. Por ello es mejor siempre comunicarse con el hotel, una vez que se tenga la reserva de la habitación.
- Si cancela el viaje o si decide permanecer en otro hotel, se debe cancelar la reserva de hotel dentro del tiempo especificado o el hotel puede imponer una penalidad, como registramos anteriormente.

CÓMO HACER UNA RESERVACIÓN

Para reservar una acomodación en un hotel, puedes usar las siguientes frases:

— *Quisiera reservar una habitación (doble, sencilla, de matrimonio), para la próxima semana.*

— *¿Podría decirme el precio de la habitación por noche?*

— *¿Tiene habitaciones disponibles?*

— *¿La habitación tiene cuarto de baño?*

— *¿Tiene mini bar?*

— *¿Qué precio tiene? ¿Cuánto cuesta diariamente?*

— *¿En el precio está incluido el desayuno?*

— *¿El desayuno consiste en un* buffet *libre?*

— *¿En el precio se incluyen los impuestos y el servicio?*

— *¿La habitación es exterior?*

— *¿Tiene vista al mar, a la montaña, a la ciudad?*

— ¿El hotel tiene piscina?

— ¿Hay aire acondicionado?

— ¿Hay servicio de lavandería en el hotel?

— ¿A qué hora se puede ocupar la habitación?

— ¿A qué hora se debe desocupar la habitación?

ACTIVIDAD

1. Complete los espacios en blanco según las siguientes instrucciones:

Ejemplo:

Voz 1: *Hotel Príncipe Felipe, buenos días.*

Voz 2: (Infórmese de la posibilidad de habitaciones). *Buenos días, gracias señorita. Deseo una habitación sencilla desde el día viernes 14, hasta el domingo 16 de octubre.*

Voz 1: *Claro que sí, ¿cómo la quiere?*

Voz 2: (Infórmese del precio) _____.

Voz 1: *¿Con o sin desayuno?*

Voz 2: (Conteste la pregunta) _____.

Voz 1: *Pues son noventa euros por noche.*

Voz 2: (Haga la reserva) _____.

Voz 1: *Está bien, pero debo advertirle que sólo mantenemos las reservas hasta las seis de la tarde.*

Voz 2: (Responder a la recepcionista) _____.

Voz 1: *Sí, es eso.*

Voz 2: (Dar las gracias y despedirse) _____.

Voz 1: *Gracias a usted. Adiós.*

9.3 CARACTERÍSTICAS DE UN HOTEL

De acuerdo con las necesidades y preferencias del huésped, el hotel puede ser campestre fuera de la ciudad o dentro de ella, o puede estar ubicado en el corazón mismo de la zona urbana. Sin embargo, es importante, al escoger un hotel, observar que la zona de la ciudad en que se encuentre ubicado sea segura, que en su interior, los espacios y la presentación visual del conjunto sea armónica y por supuesto: la calidez, eficiencia y oportunidad del servicio.

La zona de recepción a la entrada y el personal que allí atiende son la carta de presentación del hotel. De la manera como es atendido, recibido y orientado depende la imagen mental que usted se haga sobre lo cómodo y agradado que pueda estar.

Aunque hay que advertir que hoy en día no es raro encontrar servicios hoteleros y de hospedería que no cuentan con zona de recepción. Cuando existe, generalmente desde la zona de recepción se divisa una parte del área social.

El hotel que vamos a describir está situado en el centro de la ciudad, en la parte histórica. Su ubicación permite el fácil acceso, incluso a pie, a museos, iglesias, teatros, centros comerciales.

LA PLANTA FÍSICA

La planta física está compuesta por tres pisos:

En el primer piso se encuentran las zonas verdes, las zonas húmedas, de recreación, de informática y los restaurantes. Cuenta con: piscina para adultos y niños, sauna, baño turco, zona de masajes, peluquería, gimnasio, almacén de artículos de primera necesidad, parque recreacional para niños, canchas de: tenis, *squash*, campo de *golf*, juegos de mesa. Salón de computadores con conexión a internet y dos restaurantes: uno con servicio a la carta y otro de autoservicio.

En el segundo y tercer piso se encuentran las habitaciones.

LA HABITACIÓN DEL HOTEL

Esta habitación es amplia y clara. Tiene cama doble y una mesa de noche a cada lado con sus respectivas lámparas. El colchón es cómodo y agradable, vestido con juego completo de sábanas, dos almohadas con fundas, mantas, cubre lecho o cobertor y cojines que hacen juego con el cubre lecho. A la entrada de la habitación se encuentra un armario con perchas para colgar los trajes, las camisas, los pantalones, los vestidos. También hay una mesa con dos sillas, un teléfono, libreta, y bolígrafo. Tiene un mini bar, radio y televisión por cable. Al lado derecho está el cuarto de baño y al fondo un balcón desde donde se divisa la ciudad.

CÓMO PEDIR UN SERVICIO

Para pedir servicio de cuarto, toallas, limpieza, etc., se puede utilizar alguna de estas frases:

— *Por favor, ¿Podría enviar toallas limpias a la habitación 83?*
— *Señorita (o señor), necesito que me cambien las toallas.*
— *Desearía que me trajeran un desayuno completo a la habitación 95.*
— *¿Me podrían despertar a las seis y media de la mañana?*
— *¿Puedo telefonear al extranjero desde la habitación?*
— *Quisiera pedir un taxi, para ir a la ciudad.*
— *Por favor, quisiera que me lavaran y plancharan un traje para esta noche.*

LLAMANDO DESDE LA HABITACIÓN

En el hotel, el huésped llama al camarero para solicitar servicio de cuarto. Fíjese cómo lo hace.

Camarero: *Servicio de habitación, ¿dígame?*

Huésped: *Quisiera ordenar algo para cenar.*

Camarero: *Por supuesto, ¿qué sería?*

Huésped: *Quiero una tortilla y una ensalada sencilla.*

Camarero: *¿Le apetece algo para beber?*

Huésped: *Un agua mineral sin gas.*

Camarero: *¿Cuál es su habitación?*

Huésped: *Estoy en la habitación 107. ¿Tardará mucho?*

Camarero: *No, enseguida se lo subimos.*

Huésped: *Está bien, gracias.*

Camarero: *A usted.*

ACTIVIDAD

2. Usted necesita viajar a Río de Janeiro para la convención anual de directores. El evento durará tres días.

    a) Entre en contacto a través de la internet con hoteles de Río de Janeiro y realice reservación.

> b) Solicite una habitación para tres días.
> c) Envíe las preguntas oportunas de acuerdo con el texto "cómo hacer una reservación".
> d) Solicite reserva de servicio de taxi para acompañarlo durante el período de la convención.
> e) Defina los restaurantes donde él irá a almorzar.
> f) Organice una ruta turística.
> g) Selecciones tres alternativas de hoteles y actividades.

9.4 EL LENGUAJE DE TEXTOS ELECTRÓNICOS

Las nuevas tecnologías han afectado las formas de expresión escrita. Hasta hoy, la telefonía celular y la internet son los canales de comunicación más amplios y democráticos que jamás ha tenido la humanidad. Ellos han creado nuevos espacios de comunicación, como por ejemplo: los mensajes de texto y de voz, páginas *web*, correo electrónico, SMS (mensajes de texto), *chats*, *blogs* o foros, etc., nuevos medios de comunicación que han llegado para enriquecer y complementar el lenguaje escrito, acuñando nuevos términos (neologismos) y creando nuevos códigos. La palabra escrita se ha aproximado más a la oral y los textos en esos nuevos medios se han hecho más coloquiales. Se quiere escribir como se habla, como si se quisiera aprovechar la velocidad del sonido para que el mensaje se haga más fiel al pensamiento. Como consecuencia de la inmediata transcripción de las ideas, vemos que se ha alterado: en el lenguaje escrito, la ortografía; y en el oral, la fonética.

De esa forma, varios factores han condicionado la escritura tradicional. El primero ha sido la velocidad de la comunicación, porque la rapidez de la información estructura el mensaje. El segundo factor es la adaptación al soporte. No es lo mismo el texto que colgamos en un *blog* al de aquellos que son leídos de una sola ojeada. Los SMS están condicionados por un número de caracteres (160 aproximadamente) y se permite decir todo lo que se quiere en poco texto. El *chat* es una comunicación inmediata donde dos interlocutores dialogan en tiempo real y se escribe como si se estuviese hablando.

Hoy en día los soportes de información son cada vez más pequeños y ocupan menos espacio, lo que contribuye a que se afecte el lenguaje escrito en aspectos como el estilo, que es predominantemente informal, y la ortografía, por los nuevos códigos de comunicación.

ESCRIBIR EN PÁGINA *WEB*

Una página *web* es un documento de la *World Wide Web* (www), diseñada normalmente en formato *Hypertext Markup Language* (HTML) – Lenguaje Hipertextual de Etiquetado de Documentos. Un documento HTML es un archivo de texto que contiene *tags* de marcación que informan al *browser* (buscador) cómo exhibir una página. Los *tags* son elementos entre las señales < e >, o sea, lo que va dentro de esas dos marcas es un *tag*. Un *tag* es un código que el ordenador interpreta y transforma en una información visible en la pantalla, sea un texto o una imagen o también el formato de la página.

El usuario informático no lee detenidamente en internet, sino que realiza una lectura superficial en busca de aquello que necesita. Por eso la página *web* debe estar estructurada de manera que la información llegue en forma rápida y eficiente.

Al escribir en una página *web* se deben tener en cuenta algunas formas de organizar los conocimientos:

- Los títulos y subtítulos deben ser simples, claros y concisos.
- Los párrafos se deben ajustar a una única idea.
- Uso de resúmenes y tablas de contenidos.
- Frases cortas.
- Resaltar lo importante.
- Usar el modelo de pirámide invertida en la redacción: iniciar el texto por la conclusión y cerrar con los detalles. Ello contribuye a que se recupere (acceda) más fácilmente un contenido. El usuario que quiera profundizar en el tema puede seguir leyendo.
- Estilo objetivo: evitar la redundancia y el exceso de adjetivación. Omitir palabras innecesarias.

- El lenguaje informal es más adecuado.

Los puntos anteriores se pueden aplicar a la escritura de textos electrónicos, aunque cada soporte empleado tiene sus particularidades de acuerdo a la finalidad de la comunicación.

ESCRIBIR EN *BLOG*

El *blog* es un espacio *web* que se compone de textos provenientes de uno o varios autores. En ellos se pueden expresar opiniones personales y se tiene la posibilidad de participar como usuario o como visitante. En un *blog* se exponen temas que se discuten en forma abierta y de acuerdo con el interés de cada uno. Los hay de tipo personal o corporativo. Se puede hablar de asuntos sociales, políticos, económicos, religiosos, e incluso personales (muchos los aprovechan para relatar un viaje o mostrar sus fotografías). Como es un espacio abierto al diálogo, el *blog* permite entrar en contacto con otros usuarios y conocer sus puntos de vista.

Al escribir en un *blog* es necesario tener en cuenta la finalidad de la intervención. La redacción se debe ajustar al tipo de léxico que se está usando. En lo posible, no se debe salir del tema que se está tratando, sino que se debe entrar seriamente en él. En general se debe tener en cuenta las mismas normas que se utilizan para escribir en una página *web*.

ESCRIBIR UN CORREO ELECTRÓNICO

El correo electrónico es uno de los medios más usados en internet y su alcance ha sido tan grande, que ha dejado en segundo plano al fax, al correo postal y al telegrama. Es un medio que permite la comunicación instantánea con cualquier lugar del mundo sin que el otro usuario esté conectado. Las respuestas por ese medio también son rápidas e incluso inmediatas como si se estuviera "chateando", cuando el destinatario tiene su *mail* abierto y recibe el mensaje tan pronto se envía.

Hoy en día la mayoría de las comunicaciones en las empresas o instituciones se realizan por ese medio, que actúa como un vehículo rápido y eficiente de transmisión de información. Por tanto, la redacción depende del tipo de texto que vamos a escribir. Si es una carta comercial hay que seguir el modelo de éstas. Lo mismo sucede con una carta profesional o un aviso. Es importante seguir las normas ortográficas y gramaticales de la lengua española, inclusive en textos escritos para el correo electrónico.

En la comunicación escrita por ese medio, han surgido una serie de alteraciones gráficas, como especies de códigos de comunicación. Veamos algunos:

- Repetición de una letra para enfatizar el tono.
    ~ Holaaaaaaaaaaaaa
    ~ Besossssssssssssss
- Hay que evitar escribir en mayúscula si no quiere expresar el contenido a gritos:
    ~ NO ME DIGAS
    ~ ME DA LO MISMO
- Uso de interjecciones repetidas para transmitir diversos tonos de risa:
    ~ Jajaja (risa habitual)
    ~ Jejeje (con sarcasmo)
    ~ Jijiji (astucia)
- Uso de la arroba con contenido gramatical. El símbolo @ arroba se usa para separar el nombre del usuario con el del servidor. En Español, se utiliza para unificar terminaciones gramaticales para género masculino y femenino.
    ~ Querid@s compañer@s – Queridas/os compañeras/os
    ~ Querid@s amig@s – Queridas/os amigas/os
- Uso del *emoticon* o *smiley*. Los *emoticonos* se refieren a un conjunto de símbolos que se componen con los caracteres del teclado y que prefiguran el rostro humano. En Inglés, se denominan *smileys* (caritas sonrientes). Si el emisor quiere representar emociones utiliza alguno de estos símbolos:
    ~ :-) (alegre)
    ~ :-((triste)
    ~ ;-) (complicidad)
    ~ |-) (dormido)

ESCRIBIR *CHAT*

El término viene del inglés *chat*, que significa *charlar* o *charla*. Es una conversación en internet a través de mensajes escritos, con personas conocidas o desconocidas que a veces no utilizan sus propios nombres y se esconden bajo un seudónimo o apodo con el fin de tener mayor libertad para expresarse. Ese tipo de comunicación electrónica es diferente de las anteriores porque las personas que se comunican están sincronizadas: se encuentran presentes virtualmente hablando.

El *chat* es una comunicación instantánea, fugaz, donde los mensajes no se archivan y el contenido del texto es muy corto. Es similar a la comunicación telefónica, donde no se utiliza la voz sino la escritura.

Existe una serie de recursos que se utilizan como soporte de comunicación por ese medio:

1) La elipsis. La intención de que el mensaje se convierta en una conversación oral lleva a que se supriman elementos gramaticales (como artículos, preposiciones, signos de puntuación) y se utilicen las abreviaturas.
    ~ Ejemplos:
    ~ TQM = Te quiero mucho
    ~ Vms peli? = ¿Vemos una película?

2) Alteración ortográfica. La ortografía se modifica deliberadamente. Así la mayúscula significa que se está gritando o hablando en voz alta. La repetición de una letra o signo de puntuación para marcar la entonación.

3) Sustituciones léxicas por onomatopeyas para expresar acciones y estados de ánimo.
    ~ Ufffffffffffffffff (alivio)
    ~ Fffrrrrrrrrrrrrrrrrggggggggggghgfda (angustia)
    ~ ZZZZZZZZZZZZZZZZZZ (dormido/a)

4) Uso de *emoticonos* (*smileys*). Se usan más que en el correo electrónico, para demostrar estados de ánimo y acciones concretas. Presentamos algunos:
    ~ :-(Tristeza, pena disgusto.
    ~ :-(((Muy triste, profundamente apenado.
    ~ :-)   Sonrisa, simpatía, felicidad.
    ~ :-)))   Muy feliz.
    ~ :-@   Gritando.
    ~ :-| Inexpresivo, cara de póquer.
    ~ :-D   Hablar con una sonrisa/una risa.
    ~ :-DDD   Mucha risa.
    ~ :-o   Sorpresa.

- ;-)   Guiño (complicidad).
- :-x   Besando.
- ?:-(Dudando, indeciso.

Existen programas que posibilitan *chatear*, pero el más usado es *Skype*, que permite la comunicación mediante voz e imagen, cuando se dispone de una *webcam*, micro y parlantes, o audífonos, y también Line.

ESCRIBIR SMS

El servicio de mensajes cortos o *Short Message Service* (SMS) permite enviar mensajes cortos entre teléfonos móviles y teléfonos fijos. Ese tipo de mensajes se ha popularizado más entre los jóvenes. Su texto es abreviado y simbólico y aproxima más al lenguaje oral y coloquial. No existen reglas específicas que regulen la redacción de esos mensajes cortos. Sin embargo, vale la pena conocer algunas normas[*]:

1) No se usa la tilde:
   - Tnias tda razn = Tenías toda la razón
2) No existen los artículos:
   - Vms peli oy = Vemos la película hoy
3) Se aprovechan las abreviaturas convencionales del Español o se crean otras nuevas:
   - Dr. = doctor
   - tq o tk = te quiero
4) Se omiten las vocales en casi todas las palabras frecuentes:
   - Qdms mñn a ls 8 = quedamos mañana a las 8
5) Se suprimen los espacios entre palabras:
   - nsnd = no sé nada
6) Se sustituyen las sílabas y palabras por números o signos que tengan igual pronunciación: x (por), + (más), – (menos):
   - to2 = todos
   - s3 = estrés
   - T exo d – = te echo de menos.

---

[*] Existe un glosario completo que puede encontrarse en: http://www.webmovilgsm.com/sms/diccionario5.htm

7) Se aprovecha la pronunciación de algunas consonantes de manera individual para omitir la vocal inmediata: k para representar ca; la t para te; la m para me; la d para de:
   ~ ksa = casa
   ~ Tspro = Te espero
8) Supresión de la h (que, en Español, es muda) y de la e inicial (en palabras, principalmente seguidas de n y s):
   ~ Str = estar
   ~ Stms n ksa = estamos en casa
9) La ll aparece representada por l o y, la ch por x:
   ~ mxs bss = muchos besos
   ~ eys cmn = ellas/ellos comen
10) Uso de la terminación r/-ra para referirse a profesión:
    ~ msjr = mensajero
    ~ msjra = mensajera
11) Incorporación del léxico y expresiones de la lengua inglesa. Es común el uso de "ok" (de acuerdo, bien, vale); expresiones como F2T por *free to talk* (libre para hablar).

Como se puede ver, los medios digitales han transformado la escritura tradicional para abrir paso a ese nuevo lenguaje (en *chat* y en SMS, principalmente) que no favorece las normas de ortografía ni de construcción de las frases. Quien no conozca esos nuevos códigos no podrá adaptarse a ese tipo de comunicación, que cada vez contiene más símbolos.

ETIQUETA EN LA INTERNET

Finalmente, vale reforzar que todo lo que se registra arriba como normas para comunicarse en la internet debe estar orientado en actitudes de respeto con los demás. Ya hay reglas claras que se reúnen en nuevos conceptos de interrelación electrónica, o sea, la "etiquenet" o "netiqueta". Busque informaciones completas sobre esa manera educada de comunicarse en la red mundial. Una buena dirección es: http//:pt.wikipedia.org/wiki/Netiqueta.

*No confina a tus hijos
a tus propias enseñanzas
pues nacerán en otra época.*

Talmud

CAPÍTULO 10

ORGANICE
BUENAS
REUNIONES

El mayor descubrimiento de mi generación es que los seres humanos pueden alterar su vida alterando sus actitudes.

William James
(1842-1910)

La mayoría de los ejecutivos pasan mucho tiempo en reuniones. En efecto, cuando son llamados a una de ellas se preguntan ¿Cómo puedo trabajar con tantas reuniones? Los expertos en reuniones han determinado que cerca del 53% del tiempo gastado en reuniones es improductivo e inútil y, como dirían muchos ejecutivos, "una pérdida de tiempo". De ahí la importancia de aprender y aplicar destrezas eficaces para manejar una reunión.

Siempre que se requiera convocar una reunión se debe tener en cuenta dos puntos claves y fundamentales: el objetivo y los medios para conseguirlo. El objetivo se refiere al qué se pretende conseguir al convocar una reunión. Los medios se refieren al cómo se va a lograr el objetivo.

Si usted tiene claro el objetivo o el qué se pretende obtener de la reunión, le va a quedar más fácil desarrollar un esquema para el cómo lograrlo, o sea que se le facilita y agiliza la planeación de la reunión. Si se hace una buena planificación, se garantiza en alto grado el éxito, así que la tarea es planearla o prepararla cuidadosamente.

El objetivo de la reunión también le permite saber qué tipo de reunión es la que se va a organizar.

10.1 LAS REUNIOES

TIPOS DE REUNIONES

- Reuniones para informar algo concreto.
- Reuniones para recoger información sobre uno o más aspectos.
- Reuniones para formar, orientar o capacitar.
- Reuniones para intercambiar puntos de vista.
- Reuniones para llegar a un acuerdo.

- Reuniones para generar ideas.
- Reuniones para tomar decisiones.
- Reuniones para dirimir desavenencias, esclarecer conflictos o equilibrar el ambiente laboral.
- Reuniones de Junta Directiva.
- Cursos, talleres, seminarios, congresos.

PUNTOS A TENER EN CUENTA PARA ORGANIZAR REUNIONES

PREPARACIÓN

- Definir el objetivo.
- Definir los pasos a seguir para lograr el/los objetivo/s.
- Recursos que se requieren: Recurso humano. Recurso físico: documentos, aspectos anexos como: libretas, bolígrafos, medios audiovisuales, etc.
- Definir fecha y sitio.
- Lista de asistentes.
- Elaborar la agenda de la reunión, que define el orden del día o desarrollo de las cuestiones que se abordarán. Es el plan, el mapa de la reunión, da a conocer a los participantes el objetivo y cómo se va a conseguir. Si la agenda se entrega antes de la reunión tiene más efecto, porque los asistentes se pueden preparar de antemano.
- Elaborar convocatoria. Es la citación o invitación dirigida a los participantes.
- Confirmar asistencia.
- Verificar su lista de chequeo de las actividades a realizar para garantizar el éxito.

EJECUCIÓN

- **Comience y termine a tiempo**: Una forma de respetar a los participantes es comenzar y terminar la reunión a la hora citada. Eso es un indicador de seriedad, compromiso y eficiencia
- **Mantenga el foco**: Limítese al objetivo de la reunión y mantenga con firmeza el foco para que no se salga del tema central. Si los participantes desean diálogos paralelos, es bueno que lo hagan cuando el objetivo de la reunión se haya cumplido.
- **Registros: Tanto de los asistentes como del desarrollo de la reunión. Es necesario elaborar un resumen de conclusiones, asignar tareas y hacer un**

seguimiento de actividades de la reunión a las personas indicadas. Se puede hacer el registro en un papelógrafo para que todos visualicen la tarea. La elaboración de actas es pertinente sobre todo en reuniones de juntas directivas.

- **Retroalimentación**: Solicite la opinión de los participantes – verbal o escrita – sobre lo que se hizo bien o mal. Con eso, obtendrá ideas para mejorar las reuniones futuras. Jamás sabrá cómo lo ven los demás, a menos que se lo digan.

PARA TENER EN CUENTA
ORGANICE MENOS REUNIONES:

- Cuando surja la idea de hacer una reunión, cerciórese si realmente vale la pena convocarla. Tal vez se pueda resolver el problema con un correo electrónico, una llamada o una visita a su despacho.

INCLUYA, NO EXCLUYA:

- Cuando convoque a una reunión escoja solamente a quienes necesita para cumplir el objetivo. Muchas veces se invitan por la posición dentro de la empresa y se excluyen a quienes pueden proporcionar mejores ideas, porque no tienen el rango dentro de la organización.

ACTIVIDAD

1. ¿Aproximadamente cuánto tiempo se pierde en las reuniones?
    a) Más o menos el 53%.
    b) Cuando me duermo no pierdo el tiempo.
    c) El 100%.
    d) Aproximadamente el 46%.
2. Responda verdadero o falso:
    (   ) ¿Se debe enviar la agenda con anticipación?
    (   ) ¿Con el jefe los horarios de las reuniones deben ser flexibles?
    (   ) ¿Puedo introducir cualquier tema en la reunión?
    (   ) ¿Es importante la elaboración de un acta?
    (   ) ¿Necesito pedir retroalimentación?

10.2
EL ACTA

El acta es un documento escrito, de carácter oficial, en el que registramos aquellas decisiones tomadas o acordadas durante la celebración de una junta ordinaria (aquella que se convoca con el tiempo establecidos, en los documentos oficiales de la organización) o extraordinaria (aquella convocada fuera de los plazos fijos para tratar de un asunto urgente). En toda asociación pública o privada (como consejos escolares, cooperativas, fundaciones, comunidades de vecinos, etc). constituye un documento obligatorio para dar fe de lo dicho en la reunión.

El secretario de la junta es el encargado de redactar el acta. La mayoría de las asociaciones disponen de un libro de actas, donde el secretario deja constancia de todo lo sucedido. También se pueden utilizar hojas que luego serán archivadas. Cuando haya documentos anexos, esos deben ser numerados y adjuntados al acta.

Cuando se redacte un acta es muy importante seguir un orden lógico. El contenidos se pueden estructurar de acuerdo con el siguiente modelo:

ESTRUCTURA DEL ACTA
TÍTULO
se incluye el nombre de la asociación que se reúne y el número de la sesión.

DATOS DE LA SESIÓN
se coloca la ciudad, el sitio, hora y fecha de la reunión.

ASISTENCIA
constancia de los miembros que asisten, junto con el cargo que ocupan dentro de la asociación. De la misma manera deben ser incluidos los nombres de las personas ausentes.

ORDEN DEL DÍA
enumerar los temas tratados en forma breve y concisa.

DESARROLLO
se incluye de manera resumida lo tratado en la reunión.

ACUERDOS TOMADOS
se enumeran en forma ordenada los acuerdos que se toman durante la sesión.

CIERRE Y FIRMAS
el/la presidente/a es el responsable por cerrar la sesión. Una vez extendida el acta por el/la secretario/a deben constar las firmas de los dos.

(Nombre de la empresa o de la institución)
Acta de la sesión n° _____
Fecha: _____
Lugar: _____
Hora de inicio: _____ Hora de finalización: _____
Assistentes: _____
_____
Ausentes: _____
_____
Temas tratados (enumeración de los temas tratados, orden del día):
_____
Desarrollo: _____
_____
Acuerdos (primero, segundo…)_____
_____
Sin más asuntos que tratar, el/la presidente/a levanta la sesión de la que como secretario/a expido esta acta.
V° B°

       El/la presidente/a   *El/la secretario/a*
       (firma)   *(firma)*

> **ACTIVIDAD**
>
> 3. De acuerdo con el formato anterior, elabore un acta de la reunión de la junta directiva de su empresa y siga cada uno de los pasos presentados anteriormente de acuerdo con un orden lógico.

RECOMENDACIONES

- Averigüe si debe llevar el libro de actas a que lo sellen en alguna entidad pública.
- Cuando tenga errores, anule la hoja, nunca la arranque ni tampoco tache ni haga enmendadura. Siempre dentro de los márgenes del libro y escriba con tinta negra y legible.
- Conserve el libro en un lugar seguro y fresco, porque es un libro muy importante para una empresa.

10.3 REUNIONES VIRTUALES: LA VIDEOCONFERENCIA

El avance de las telecomunicaciones nos ha traído esta importante herramienta de comunicación. La videoconferencia es un medio para realizar reuniones virtuales con personas ubicadas en distintos sitios de la ciudad o del mundo, en las que todos los participantes se pueden ver y escuchar en tiempo real.

Es una opción diferente a la de tenerse que desplazar a grandes centros urbanos, o a esperas interminables de los aeropuertos para tomar el primero o el último vuelo del día, o conducir hasta grandes distancias, para asistir a una reunión. Hoy, se puede montar una videoconferencia con un computador, una cámara de vídeo y unos programas especiales. Recurra a ese medio y ¡ahorre tiempo y dinero!, aunque no podemos dejar de desconocer el valioso impacto psico-emocional que se origina en la interacción del contacto personal, en vivo y en directo entre las personas.

10.4 CÓMO PREPARAR UNA EXPOSICIÓN

Toda exposición en público debe ser cuidadosamente preparada. Esa es la clave para que sea exitosa. Conlleva la responsabilidad de comunicar a un grupo una información que debe ser: veraz, comprobable, concreta (pero suficiente), eficiente y oportuna.

Cuando vemos en alguien: la habilidad de hablar en público, de mantener la atención del grupo todo el tiempo, la riqueza del vocabulario, la fluidez oratoria, seguridad y desenvolvimiento, pensamos que tal vez sea un don y que le es muy fácil. Lo que hay detrás de eso son años de preparación, tanto en información como en práctica lo que se traduce en experiencia y culmina en esos brillantes espacios de la exposición.

Cuando vaya a exponer, tenga en cuenta:

- determinar qué quiere lograr: describa brevemente los objetivos de la exposición. Cada situación exige un enfoque diferente;
- hacer un bosquejo de lo que quiere comunicar a su auditorio: trate pocos puntos y prepare ayudas visuales para reforzar la comunicación;
- escribir la introducción y la conclusión: en la introducción informe los beneficios y la importancia de la exposición. En la conclusión, resuma los puntos principales de la exposición;
- preparar las notas: ellas sirven de orientación para llevar una secuencia, dan seguridad, evitan los olvidos u omisiones;
- ensayar la presentación: ante un colaborador, o una cámara de vídeo para corregir sus errores, o frente al espejo, o simplemente hágalo en voz alta para oírse y corregir la entonación y postura. Estúdiela cuidadosamente y repase la noche anterior al evento. Ensaye cuantas veces pueda. Si no tiene experiencia en presentaciones, cuanto más practique, mejor resultado le dará. Recuerde que la práctica hace al maestro.

LAS IMÁGENES EN LAS PRESENTACIONES

Las personas retienen más la información cuando se la presenta en forma visual, porque el cerebro humano es visual. Así dijo Santo Tomás: "Ver para creer". Las presentaciones pueden ser más eficientes cuando se utilizan herramientas de presentación, porque las imágenes se transmiten con mayor rapidez que la palabra y rompen la monotonía de la exposición oral. Se puede presentar visualmente una información a través de fotografías, cuadros, exhibiciones, muestras de productos, prototipos, representación de papeles, gráficas, mapas, etc.

En una presentación se recomienda usar, siempre que sea posible, los siguientes recursos:

- **Entregue copia del material**, pero, por favor, no lea la información. Es muy aburrido para el que asiste participar de una sesión de lectura.
- **Transparencias:** use los recursos de un software especializado (como Microsoft PowerPoint®, Adobe Flash®, IBM Lotus®, etc.), que pueden hacer presentaciones espectaculares. Lo interesante es que las transparencias que se elaboran con estos programas se pueden revisar y modificar cuantas veces se desee. Inclusive se puede hacer anotaciones sobre ellas durante la exposición, a fin de resaltar determinado punto.
- **Papelógrafo:** cuando se trata de una presentación pequeña, se puede reforzar la información visual con un papelógrafo. Se trata de pliegos de papel grande que se colocan sobre un caballete para hacer anotaciones.
- **La Pizarra Interactiva**, también denominada Pizarra Digital Interactiva (PDI), consiste en un ordenador conectado a un video-proyector, que proyecta la imagen de la pantalla sobre una superficie, desde la que se puede controlar el ordenador, hacer anotaciones manuscritas sobre cualquier imagen proyectada, así como guardarlas, imprimirlas, enviarlas por correo electrónico y exportarlas a diversos formatos. Es una de las herramientas más modernas con inmenso poder de aplicación. ¡Descúbrala!

RECOMENDACIONES

- Coloque poca información en la transparencia.
- Escriba con letras grandes y aproveche bien los colores.
- Prepare el material con tiempo suficiente.
- Utilice las ayudas visuales como apoyo. Recuerde que *usted* es el centro de atención.

EL DÍA DE LA EXPOSICIÓN

Cuando llegue el día de la presentación final, tenga en cuenta los siguientes pasos:

ESTÉ TRANQUILO

Como ya está todo en orden y muy bien preparado, no hay por qué ponerse nervioso. Antes de iniciar la presentación, respire profundamente y manténgase lúcido.

SALUDE

Cuando la exposición se realiza en un salón, llegue temprano y salude personalmente a aquellos que van llegando. El contacto con el auditorio le ayudará a sentirse más confiado. De todas maneras, salude en general al público antes de iniciar su intervención.

LA PRESENTACIÓN

Esté atento a lo que dice la persona que lo presenta, agradézcale y aclare algo solo si es necesario. Sin embargo, hoy se usa bastante dentro de la presentación (por ejemplo, en Microsoft PowerPoint®, o video) incluir un cuadro con un breve currículo del expositor.

ATENCIÓN DEL PÚBLICO

Inicie su presentación cuando el público le preste toda su atención. Una forma es quedarse en silencio hasta que eso suceda.

EMPIECE LA EXPOSICIÓN.

Siga un orden lógico de acuerdo con lo programado hasta el final. Recuerde que es su oportunidad para sobresalir bien, ¡con ánimo y coraje!

Organizar buenas reuniones no es algo que se logre de un día para otro. Como en la mayoría de las operaciones de una empresa, se necesita un proceso continuo de reflexión y mejoramiento.

ACTIVIDAD

4. Esta actividad le permite poner en práctica sus conocimientos. Desarrolle los siguientes pasos:

- Prepare el contenido de la reunión del Director de su empresa ante la Junta Directiva y preséntela ante tres compañeros de trabajo.
- Utilice los recursos de la pizarra interactiva u otra herramienta visual. Realice la presentación con transparencias elaboradas en uno de los *software* mencionados.
- Entregue el material escrito.
- Realice la presentación.
- Siga los pasos mencionados anteriormente.

10.5 LA AGENDA

Auxilie a su jefe a organizar la vida de la organización:

- Utilice una herramienta de planeación. Reúna todas las notas relacionadas con lo que debe hacer y consígnelas en su calendario de citas o agenda personal. Para que una agenda funcione, hay que usarla. Manténgala actualizada para que cumpla su función, eso requiere disciplina y una rutina diaria. Hay agendas para todos los gustos. Utilice la que convenga más para la finalidad que se requiera en la empresa.

- Las agendas de papel son encuadernadas en diferentes materiales y tamaños. En ella se anotan por orden todas las labores del día. Se incluyen las horas de las reuniones, citas y demás sucesos importantes. Se escriben los números telefónicos, direcciones, correo electrónico, códigos postales. Además contienen información sobre finanzas, calendario mensual, zonas del tiempo, conversiones métricas, etc., y cuidado con perderla, porque si la pierde, su trabajo se daña. Ella no es un archivo de computador donde se pueden hacer copias o se registran los compromisos en un disco: ¡ella es única!

- La agenda digital, o asistente digital, es una alternativa viable para los que quieren hacer uso de las nuevas tecnologías de la información. En ellas no sólo puede tener el registro del calendario, sino que además puede realizar una serie de actividades en un sistema portátil y con flexibilidad casi ilimitada a cualquier hora y en cualquier momento. Superando las agendas tradicionales, las agendas electrónicas pueden funcionar como una memoria externa, es decir, son capaces de recordarnos sobre los compromisos registrados, dentro de los programas en que son estructuradas. Además de tener la tecnología de telefonía celular ya incorporada.

En resumen, se necesita un sistema que permita organizarse y hacer seguimiento a las cosas importantes. Por lo tanto, ponga en práctica estas pautas generales:

- Utilice religiosamente una agenda, ya sea manual o electrónica.
- Destine 20 minutos al comienzo de la jornada de trabajo a establecer las prioridades del día.
- Ocúpese primero de su prioridad más importante y deje para lo último la menos importante, porque si se dedica a las más rápidas y fáciles puede suceder que cuando acabe el día ya sea demasiado tarde para hacer lo que es realmente prioritario.
- Destine por los menos 20 minutos al terminar el día para atar los cabos sueltos. Revise el trabajo que no alcanzó a terminar, archive lo que debe conservar y arroje a la basura todo lo que no necesita. Por último, revise las citas para el día siguiente.

RECOMENDACIÓN

Antes de arrojar cualquier papel a la basura o destruirlo en un aparato de pica papeles, piénselo diez veces. Tal vez una información que usted imagina que no es necesaria en un determinado momento será importantísima después.

LA AGENDA DE NEGOCIOS

La planeación es una fuerte columna de apoyo de cualquier empresa – sea una gran organización industrial o una pequeña asociación de trabajo social. Sin la planeación no hay organización en su mejor sentido, puesto que los grupos de personas que trabajan están enfocados en un mismo objetivo y necesitan directrices claras para alcanzar la cohesión de sus tareas y de los resultados.

Dentro de la planeación, se hace necesario, además de organizar esas fuerzas y componentes humanos y materiales, trazar un programa distribuido en el tiempo, de acuerdo con los cronogramas de las inversiones y de los ingresos.

En cada evento programado, la planeación pasa a hacer parte de una agenda de trabajo o agenda de negocios. En ese caso, la palabra *negocio* no es sólo dirigida para acciones que proporcionen lucro financiero, sino que involucra todos los eventos que puedan interesar al desarrollo de la organización, como las reuniones de dirección, los cursos de perfeccionamiento, los congresos, las reuniones con otras organizaciones, las campañas de comunicación social, las exposiciones, ferias y conferencias, en fin, todos los eventos que contribuyen con la organización, perfeccionamiento y logros del trabajo.

De esa manera, no solo una gran empresa de explotación de petróleo debe tener su agenda de negocios, sino también una iglesia o un grupo de *boy scouts* se benefician con una agenda de negocios, que pasa a ser un calendario previo de la historia de la organización que está por venir.

Su agenda de negocios usted la debe manejar con tal maestría que se convierta en un factor de imagen invaluable para la empresa. Haga que su jefe lo tenga como una garantía del equilibrio del trabajo, por el seguimiento que hace de los negocios, las buenas normas adoptadas, las notas recordatorias a las reuniones para que todos asistan, por hacerlo todo en la fecha fijada. De esa manera, la mente del jefe puede ocuparse de cosas nuevas.

10.6 SE DEBE TRABAJAR EN EQUIPO

Usted es un profesional que trabaja en equipo. En general se ocupa de organizar y en ciertos casos asistir a reuniones, establecer buenos contactos telefónicos, redactar y presentar correctamente informes, comunicados, etc., planificar su tiempo y el de su jefe, preparar y tratar la información adecuadamente, concertar, acoger y atender a las visitas, preparar presentaciones de productos o servicios, organizar los viajes de negocios le exigen interacción constante con un sinnúmero de personas y el fortalecimiento del equipo con cada una de ellas.

La secretaria trabaja en equipo para gestionar todo aquello que su jefe delega en ella. Para eso, debe aplicar su propia iniciativa y criterio, de modo que los asuntos importantes reciban la atención necesaria.

Para trabajar en equipo, debe saber establecer buenas relaciones personales internas y externas de la organización, tener conocimientos de técnicas de interrelación personal, ser asertiva, es decir, tener seguridad en sí misma y desarrollar su inteligencia emocional.

ACTIVIDAD

5. A continuación vamos a trabajar el "Ejercicio NASA", de Jai Hall (University of Texas). Ese es un ejercicio de cómo hacen o llegan a decisiones los grupos.

~ Divida a los integrantes de la reunión en varios subgrupos de acuerdo con el tamaño del grupo.

~ El grupo ha de utilizar el método del consenso para llegar a una decisión. Eso quiere decir que los miembros deben estar de acuerdo para cada uno de los quince artículos (serán presentados a continuación), antes de que el orden de prioridad se convierta en parte de la decisión del grupo.

~ El consenso es difícil de alcanzar. Traten, como grupo, que para cada uno de los quince artículos todos los miembros del grupo estén parcialmente de acuerdo por lo menos. Aquí les damos algunas guías para que las utilicen para llegar a un consenso.

   1. Evite argumentar por sus juicios individuales. Luche en la tarea por lógica.
   2. Evite cambiar de idea sólo para llegar a un acuerdo y evite el conflicto. Apoye sólo aquellas soluciones con las cuales usted puede estar algo de acuerdo, por lo menos.
   3. Evite usar técnicas "reductoras de conflicto", tales como voto por mayoría, promediar para llegar a una decisión.
   4. Vea la diferencia de opiniones como de ayuda, más que como obstáculo para llegar a la decisión.

EJERCICIO NASA

Instrucciones: Ustedes forman la tripulación de un navío espacial que iba a reunirse con el navío nodriza en la superficie alumbrada de la luna. Debido a dificultades mecánicas, tuvieron que alunizar en un sitio que queda a unos 350 kilómetros del lugar del encuentro. Durante el alunizaje gran parte del equipo del navío quedó dañado y puesto que la supervivencia de la tripulación depende de poder llegar al navío nodriza, los artículos vitales tienen que ser escogidos para llevarlos. Abajo están enumerados los artículos que quedaron ilesos después del alunizaje. La tarea consiste en ordenarlos de acuerdo con su importancia y utilidad para ayudarles a llegar al punto de encuentro con el navío nodriza. Ponga (1) para el artículo más importante, un (2) para el que sigue en importancia y utilidad para ayudarles en su viaje y así sucesivamente hasta enumerar los 15 artículos.

Individual	Nasa	Grupo	
			Caja de fósforos
			Comestible concentrado
			Veinte metros de soga de nylon
			Seda de paracaídas
			Unidad portátil para calentar
			Dos pistolas calibre 45
			Una caja de leche en polvo
			Dos tanques de oxígeno de 50 kilos cada uno por tripulante
			Un mapa estelar (de la constelación de la luna)
			Un bote salvavidas
			Una brújula magnética
			Veinticinco litros de agua
			Luces de bengala
			Botiquín de primeros auxilios (con aguja de inyección hipodérmica)
			Un receptor-transmisor FM accionado por luz solar

Observaciones:

1. Los participantes deben responder primero en forma individual antes de iniciar la discusión con el grupo.
2. La decisión del grupo debe ser por consenso y no voto por mayoría.
3. El monitor o monitores del grupo no debe(n) participar, pues es el grupo que debe tomar su propia decisión.
4. Cuando ya terminen de responder se les puede presentar las respuestas proporcionadas por la Nasa.
5. Finalmente se debe hacer un análisis de las respuestas. Se debe destacar la importancia de trabajar en grupo y de unificar criterios hasta llegar a una decisión final.

Fuente: NASA, citado por el CENTRO UNIVERSITARIO SANTA ANA, 2013.

¡Haga buenas reuniones de trabajo y buena suerte!

Se debe contar cada día como una vida separada.

Séneca
(4 a.C.-65 a.C.)

CAPÍTULO 11

CÓMO PRESENTARSE A UN EMPLEO

El secreto de la genialidad es el de conservar el espíritu del niño hasta la vejez, lo cual quiere decir nunca perder el entusiasmo.

Aldous Huxley
(1894-1963)

Muchas veces se responde a anuncios que aparecen en los medios de comunicación pidiendo servicios profesionales. Hemos enviado o presentado nuestro *currículum vitae* en numerosas oficinas. Hemos visto filas de candidatos disputando por una sola plaza. Para el aspirante es un momento donde surgen muchas dudas, nerviosismo, inseguridad. Para el entrevistador, el desafío de contratar la persona idónea, que permanecerá en la empresa durante muchos años y con la que todos tendrán que convivir. Por eso, la selección del personal es toda una especialidad que requiere de mucho juicio, objetividad, conocimiento, ojo clínico, asertividad y experiencia, hasta tal punto que, hoy en día, las empresas prefieren delegar esa tarea a compañías especializadas en la materia y dedicadas únicamente a esa labor.

11.1 LO QUE MÁS INTERESA

Al presentarse para una entrevista, esté atento para los puntos que más interesan al entrevistador cuando quiere conocer al aspirante al empleo:

- Su deseo de trabajar: quieren saber que usted está dispuesto a hacer cualquier cosa para realizar el trabajo. Eso significa que el aspirante es una persona comprometida y dispuesta a dar lo mejor de sí a la empresa que lo contrata.
- Buena actitud: que es una persona positiva, amable y dispuesta a colaborar.

- **Experiencia**: la historia laboral del aspirante permite conocer los trabajos realizados. Y para los que se enfrentan a su primer empleo, ésta historia se ve reflejada en sus prácticas.
- **Estabilidad**: disposición de permanecer en la empresa. El entrenamiento del personal implica un alto costo, tanto en tiempo como en dinero, para cualquier empresa.
- **Inteligencia**: les interesa una inteligencia práctica que los lleve a encontrar mejores y rápidas soluciones ante los problemas.
- **Responsabilidad**: ellos perciben una actitud responsable por los trabajos realizados anteriormente y los logros obtenidos en el desempeño de sus funciones.

11.2 PREGUNTAS PRINCIPALES

Cuando se aspira a un cargo en una empresa, es importante hacerse las cuatro preguntas claves que no faltan en una entrevista de trabajo. Respóndalas antes de presentarse a ella.

¿POR QUÉ ESTOY AQUÍ?

Tendrá que justificar para sí mismo por qué se somete a la incomodidad de una entrevista de todo el día. ¿Será que vale la pena el cambio? ¿Tengo verdaderamente interés? O estoy aquí "por si acaso resulta".

¿QUÉ PUEDO OFRECER?

El empleador quiere saber qué puede usted aportar a la empresa y no qué puede hacer la empresa por usted. Por eso es importante conocer de antemano los objetivos y necesidades de la empresa, para poder decir cómo puede ayudar a conseguirlos.

¿QUÉ CLASE DE PERSONA SOY?

No hay una respuesta única. El entrevistador analiza la suma de todas sus actitudes. Todo cuenta en este momento, desde su presentación personal, hasta los gestos, respuestas, tono de voz, trabajo de investigación previo antes de la entrevista.

¿ME PUEDEN PAGAR LO QUE PIDO?

Es importante averiguar cómo está el mercado de trabajo, para que en el momento que le pregunten su aspiración salarial no se salga de los parámetros del mercado y tal vez no le puedan pagar lo que usted quiere.

RECOMENDACIONES

- Antes de la entrevista:
  - conozca la empresa donde quiere trabajar;
  - entrénese para la entrevista. Tenga en cuenta los puntos anteriores;
  - memorice el nombre del entrevistador;
  - cuide del vestuario. Para las mujeres, traje de pantalón o falda y chaqueta, camisa y zapatos cerrados. Para los hombres, traje completo, camisa con corbata o sin ella. La primera impresión entra por los ojos y en una entrevista de trabajo, la presentación personal marca la pauta;
  - prepare dos o tres copias de su *currículum vitae*. Pueden pedirle más de una. Está bien consultarlo durante la entrevista;
  - lleve una libreta pequeña y bolígrafo para hacer anotaciones cortas;
  - si tiene cartas de recomendación, las puede presentar. Lo mismo con los diplomas y certificados. No los anexe al currículo. Muéstrelos en el momento oportuno y si se lo solicitan, recuerde que por el momento está en entrevista de selección y que aún no lo han seleccionado;
  - llegue entre diez a quince minutos antes de la entrevista. Llegar muy temprano demuestra ansiedad. Llegar tarde es una falta grave de respeto con el entrevistador.
- Durante la entrevista:
  - salude con un apretón de mano cálido y firme. Mientras saluda, mire a los ojos de la persona y sonría;
  - sea amable, sonría y repita el nombre del entrevistador durante la entrevista;
  - trate al entrevistador de "usted", a no ser que él le indique el tratamiento de "tú";
  - no fume; no se siente antes de que se lo indiquen, y ni se le ocurra mirar el reloj;
  - no pregunte sobre el sueldo y prestaciones en la primera parte de la entrevista;
  - trate de igual a igual al entrevistador, pero con respeto.

ACTIVIDAD

1. Marque la respuesta correcta:

En una entrevista de trabajo al entrevistador, le interesa conocer:

  a) Si puede cuidar de la agenda de los hijos del jefe.

  b) Su inteligencia práctica y deseo de permanecer en la empresa.

  c) Si le gusta la música barroca.

  d) Ninguna de las anteriores.

2. Responda sí o no:

	Sí	No
a) En la mitad de la entrevista preguntar por el sueldo.		
b) Fumar durante la entrevista.		
c) Preparar con anticipación las informaciones.		
d) Tratar al entrevistador de tú.		
e) Conocer la empresa antes de la entrevista.		

11.3 EL *CURRICULUM VITAE*

Literalmente este término significa "carrera de la vida". El Diccionario de la Real Academia de la Lengua Española – DRAE (2008) lo define como "Relación de los títulos, honores, cargos, trabajos realizados, datos biográficos, etc., que califican a una persona." Se puede utilizar indistintamente la forma latina de "Currículum Vitae", como la hispanizada "currículo".

Para que un currículo despierte interés, es necesario tener en cuenta:

- Brevedad: de una a dos hojas es suficiente.
- Claridad: resaltar lo más significativo con la mayor claridad.
- Estilo impersonal: utilizar formas impersonales.
- Ortografía: no debe tener ninguna falta de ortografía.

Existen tres formas de organizar el currículo, todo depende de cómo queremos presentar nuestros méritos.

- Currículo cronológico, en el que se presentan las informaciones desde lo más antiguo hasta lo más reciente.
- Currículo inverso, donde los datos parten de lo más reciente a lo más antiguo. Aquí se resalta más la experiencia laboral actual. Es la presentación más aconsejable.
- Currículo funcional, donde las informaciones se agrupan por temas para dar una imagen rápida de la formación y el tema de acuerdo con el ámbito determinado.

Algunas empresas ya tienen sus modelos especiales de currículo, que son colocados en la *web* para que el aspirante lo complete con sus datos. Generalmente las informaciones solicitadas son aquellas que realmente le interesan a la empresa y muchas veces los espacios son reducidos, donde se deben colocar los datos muy concisos. Otras sólo piden el envío de un currículo y para esas empresas le presentamos algunos modelos.

CURRICULUM MULTIMEDIA

El *curriculum vitae* multimedia es un medio donde se ofrece al departamento de recursos humanos un CD con toda la información necesaria sobre el candidato. Permite grabar un anuncio, escribir un texto libre, incluir documentos y fotografías, incluir la voz e imagen del candidato y aquello que el interesado quiera presentar para que lo conozcan mejor en el mercado de trabajo.

Es un recurso que algunas personas eligen para destacarse sobre el resto que opta por el mismo puesto. Y como no todas tienen los conocimientos necesarios para hacer esas labores de edición multimedia, ya existen empresas que ayudan a crear una presentación de aspecto profesional. También puede ser grabado en un mini CD, formato de tarjeta, para ser presentado como tarjeta de visita.

La agencia de noticias EFE anunció el pasado 20 de agosto de 2008: "en medio centenar de oficinas del Servicio Andaluz de Empleo (SAE), donde la Junta está instalando cabinas de video-curriculum para que los parados puedan demostrar sus cualidades personales y profesionales en un formato multimedia".

Se puede pensar también en esa alternativa que ofrece la tecnología. Piense en esto: el video-curriculum no es el futuro sino el presente.

CURRICULUM CRONOLÓGICO INVERSO

Consiste en empezar por los datos más recientes, mostrando una imagen de la trayectoria que ya ha realizado.

Datos Personales

Nombre y Apellidos: Josefina Pimiento Salazar
Fecha de nacimiento: 6 de enero de 1982.
Lugar de nacimiento: Curitiba, Brasil.
DNI. Número: 41.402.283
Dirección: Calle Chille, N° 230 Apto. 83.
Teléfono: 1211415
E-mail: jps@yahoo.com

Formación Académica

2007-2008   Maestría en Administración por la Universidade de Administração.
2005-2007   Especialización en Técnicas de Administración por la Universidade de Administração.
2002-2005   Tecnólogo en Administración por el Instituto de Ensino Empresarial.

Otros Cursos y Seminarios

2006   Técnicas de evaluación – Serviço de Ensino Comercial (10 horas)
2005   Técnicas de Ventas – Serviço de Ensino Comercial (40 horas)
2005   Taller sobre Ventas al por mayor y al por menor – Serviço de Ensino Comercial (20 horas)

Experiencia Profesional

2005-2008   Dirección General – Telefone Listas Telefônicas.

2004   Pasantía en el sector de mercadeo – Computação Informática.

Idiomas

Inglés – Nivel Medio. Cursando em Centro de Línguas

Español – Nivel Superior. Título del Instituto de Língua Espanhola.

Informática

Conocimientos medios-altos de:

- Microsoft Office® (Word®, Excel®, Access®, PowerPoint®)
- CorelDRAW®
- Adobe Acrobat
- Internet

Otros Datos

Disponibilidad para viajar

CURRÍCULO FUNCIONAL

Esta forma de currículo agrupa la información por temas.

Datos Personales

Clara María Buitrago López

Administradora de Empresas con énfasis en Finanzas

Cra. 12 N° 138-61 Apto. 602

Fecha de Nacimiento: 25 de marzo de 1977

Estado Civil: soltera

Perfil Profesional

Experiencia en planeación estratégica, mercadeo y publicidad, investigación de mercados, y en estructuración, colocación y dirección de nuevos negocios. Con habilidades para la planeación, la estructuración de estrategias y el análisis de situaciones; adicionalmente, para establecer excelentes relaciones personales y orientar los resultados al trabajo en equipo. Gran capacidad de compromiso y una importante conciencia de la aplicación de los valores y los principios a la vida laboral.

Formación Académica

2004-2005   Especialización en la Business School. Milán. Italia.
1996-2003   Profesional en Administración de Empresas con énfasis en Finanzas.
2001-2002   Diplomado en Habilidades Gerenciales.

Experiencia Laboral

a) Experiencia Técnica

2004-2008 Banco Valores & Bienes S.A. – Ejecutiva de proyecto responsable de la planeación y ejecución estratégica del proyecto Banco Valores & Bienes S.A. Una empresa creada para promover y comercializar planes de inversión en Colombia, entre los colombianos que viven en el exterior.

Funciones:

Estructuración de la planeación estratégica del proyecto. Diseño y ejecución del plan de mercadeo en Estados Unidos y Colombia. Diseño, montaje y dirección de la infraestructura (personal, recursos tecnológicos y procesos) de la empresa. Diseño y ejecución de la operación, tareas y responsables de los procesos de compra y venta en el exterior.

Idiomas

Inglés y Español: Nivel alto oral y escrito.
Francés: Nociones básicas.

Otros Datos

Disponibilidad para viajar.
Disponible para incorporación inmediata.

MODELO DESCRIPTIVO

Camilo Sotomayor Cala
Dirección: Carrera 7 # 94 - 80 Torre 3 Apto. 206.
E-mail: camilosoca@hotmail.com
Fecha y lugar de nacimiento: 10 de Julio de 1981, Bogotá (Colombia).
CC Nº: 81089764 de Bogotá

Perfil Profesional

Profesional en Comunicación Social y Periodismo con experiencia en Manejo de Cuentas y en estructuración e implementación de estrategias de comunicación para el mejoramiento de procesos y posicionamiento de la empresa. Con habilidades para el Mercadeo y la Publicidad con un enfoque que transforma los procesos creativos en soluciones efectivas para las organizaciones, los clientes y sus marcas. Gran capacidad de negociación y conciliación, excelente manejo de las Relaciones Públicas y alta disposición para liderar proyectos y grupos. Profesional con iniciativa y que entiende la importancia del compromiso, la responsabilidad y la honestidad en el campo laboral.

Objetivo Profesional

Poner a disposición de la empresa todos mis conocimientos, habilidades y capacidades para contribuir de la mejor manera a su crecimiento y consecución de objetivos. Disponerme a asimilar todos los conocimientos que la empresa me pueda aportar en el desempeño de las funciones que contribuyan a mi desarrollo profesional y personal.

Experiencia Laboral
BCB Radio
2007-2008
Ejecutivo de cuentas y asesor comercial: planeación estratégica y creativa, negociación y asesoría integral en soluciones comunicativas, estudio de tendencias y seguimiento a estrategias de mejora en las ventas de los clientes; creación de ofertas y propuestas de comunicación.

Responsable de asesorar a todo tipo de organizaciones y sus gerentes en estrategias, planes y procesos de comunicación.

Negócios Ltda. – Empresa de apoyo minero
2006-2007
Apoyo a las comunicaciones externas e internas de la empresa y manejo de las Relaciones Públicas y de personal, actividades que fueron determinantes en el crecimiento de la facturación de la empresa y en su posicionamiento en el sector.

Independiente
2006
Integrante del grupo de trabajo para el estudio de factibilidad y apertura de un centro de entretenimiento masivo: bar, restaurante y centro de convenciones. Encargado de dar asesoría en la estructuración de plan de comunicaciones externas y desempeñar labores de relaciones públicas para la consecución de patrocinadores e inversionistas.

Banco Finanzas
Septiembre 2005-Enero 2006
Responsable de apoyar las comunicaciones internas del Banco, específicamente en el área de Bienestar durante el proceso de venta del Banco.
Funciones y Logros
- Auxiliar del departamento de Bienestar.
- Responsable de la campaña de motivación interna para acompañar a los funcionarios en el proceso de venta y privatización del Banco.
- Ejecutor del periódico interno del Banco (Boletín Grangente), redacción y diagramación.
- Analista de medios y noticias referentes a Granahorrar.
- Apoyo a las comunicaciones internas de la entidad.
- Redactor de comunicados y cartas de presidenciales a los funcionarios.
- Actualización de la "Historia escrita de Granahorrar" (corrección de imágenes y ortografía).
- Crear estrategias de comunicación y difusión de información interna.

Formación Académica

Universidad de la Ciudad del Sur: Comunicación Social y Periodismo Profesional,

Colmédica Eps-Medicina Prepagada (Práctica Universitaria Empresarial), Febrero 2005-Julio 2005.

Responsable de apoyar las áreas de *servicio al cliente*, de mercadeo y de emprender un proceso de mejora en las comunicaciones de la compañía.

Funciones y Logros

- Responsable del análisis y mejora de las comunicaciones emitidas al cliente.
- Encargado del proceso de comunicaciones masivas (cartas y extractos) de la compañía.
- Creador del manual de comunicaciones y refuerzo de proyectos del área de mercadeo.
- Unificación de formatos de comunicaciones emitidas por Colmédica.
- Apoyo en las actividades de las áreas de Calidad e Imagen.

Colegio Anglo Colombiano:
Bachillerato

1986 a 1999 *Bachiller en ciencias versión internacional*.

Logros durante la Formación Academica

- Periodista oficial del periódico *En Directo* de la Universidad Ciudad del Sur.
- Práctica social en la sala de redacción de La Universidad Ciudad del Sur.
- Cuñas y locución de radio en la emisora de la Universidad Ciudad del Sur.
- Presentador oficial de los *Premios a la Excelencia* de La Universidad Ciudad del Sur.
- Nominación a la categoría *mejor trabajo de fotografía* - Universidad de la Sabana.

Idiomas y Otros

Ingles 100% hablado, escrito y leído IB (*International Bachelor*)

Sistemas Paquete Básico Microsoft Office 2000®
Adobe Freehand®, Adobe Fireworks® y Adobe Dreamweaver®

Referencia Laboral

MODELO OFICIAL DE CURRÍCULUM EUROPEO

Si pretende enviar su currículo a algún país de Europa, conozca el formato *curriculum vitae* europass*. Es el único que aceptan.

Modelo de *curriculum vitae* europeu	
Información personal	
Nombre	[Apellidos, Nombre]
Dirección	[Número, calle, código postal, localidad, país]
Teléfono	
Fax	
Correo electrónico	
Nacionalidad	
Fecha de nacimiento	[Día, mes, año]
Educación y formación	
• Fechas (de – a)	[Empezar por el más reciente e ir añadiendo aparte la misma información para cada curso realizado]
• Nombre y tipo de organización que ha impartido la educación o la formación	
• Principales materias o capacidades ocupacionales tratadas	
• Título de la cualificación obtenida	
• (Si procede) Nivel alcanzado en la clasificación nacional	
Conocimiento de idiomas	
Lengua materna	[Escribir la lengua materna]
Otros idiomas	[Escribir idioma]
• Lectura	[Indicar el nivel: excelente, bueno, básico. Indicar si se tiene diploma o certificado oficial]
• Escritura	[Indicar el nivel: excelente, bueno, básico. Indicar si se tiene diploma o certificado oficial]

(continúa)

---

* Disponible en: <http://europass.cedefop.europa.eu/img/dynamic/c1344/type.FileContent.file/CVTemplate_pt_PT.doc>.

(conclusión)

• Expresión oral	[Indicar el nivel: excelente, bueno, básico. Indicar si se tiene diploma o certificado oficial]
Experiencia laboral	
Profesional	
• Fechas (de – a)	[Empezar por el más reciente e ir añadiendo aparte la misma información para cada puesto ocupado]
• Nombre y dirección del empleador	
• Tipo de empresa o sector	
• Puesto o cargo ocupados	
• Principales actividades y responsabilidades	
Académica	
• Fechas (de – a)	[Empezar por el más reciente e ir añadiendo aparte la misma información para cada puesto ocupado]
• Nombre y dirección de la Institución	
• Puesto o cargo ocupados	
• Principales actividades y responsabilidades	
Publicaciones	[Empezar por el más reciente e ir añadiendo aparte la misma información para cada curso realizado]
Título	
Autor/es	
Revista/volumen/número/páginas	
Año	
Congresos/Seminarios	[Empezar por el más reciente e ir añadiendo aparte la misma información para cada curso realizado]
Nombre	
Lugar	
Año	
Actividad desarrollada	
Información adicional	[Introducir aquí cualquier información que se considere importante, como personas de contacto, referencias, etc.]

Este modelo de currículo es utilizado en toda la comunidad europea. Haga uso de él si pretende presentar sus capacidades y cualificaciones personales de manera sencilla y fácilmente comprensible en toda Europa (Unión Europea, AELC/EEE y países candidatos); como también desplazarse profesionalmente por toda Europa.

El Europass tiene su origen en la Decisión nº 2241/2004/CE del Parlamento Europeo y del Consejo de 15 de diciembre de 2004, relativa a un marco comunitario único para la transparencia de las cualificaciones y competencias.

> **AHORA PRACTIQUEMOS:**
> Elabore uno de los modelos de *curriculum vitae* presentados. Utilice informaciones reales y anexe copia de los certificados o menciones obtenidas.

11.4 LA CARTA DE PRESENTACIÓN

A la hora de entregar el *curriculum* (currículo), debemos anexar una carta de presentación. Ella nos permite dar un saludo cordial al departamento de selección, presentar nuestra trayectoria profesional y el interés que tenemos de poder formar parte del equipo de la empresa, si fuésemos elegidos.

Al redactar la carta de presentación, debemos tener en cuenta:

1) Presentación: explicar brevemente quiénes somos, qué experiencia profesional tenemos y cuáles son nuestros objetivos.
2) Interés: presentarle a la empresa que conocemos su funcionamiento, el cargo al que aspiramos y la opinión favorable que tenemos de ella.
3) Compromiso: indicar qué debemos ofrecer.
4) Despedida: nos despedimos en forma cordial y solicitamos una entrevista personal, dando nuestro agradecimiento de antemano.

MODELO DE CARTA DE PRESENTACIÓN

Existen dos modelos de carta de presentación:

1) Carta de candidatura a un puesto específico. La carta y el currículo responden a una oferta de empleo, donde el candidato se ha informado con anterioridad a través de un medio de comunicación.
2) Carta de candidatura espontánea. Se envía el currículo acompañado de una carta a una empresa que no ha ofertado ningún puesto de empleo, pero donde nos gustaría trabajar.

A la hora de redactar esas cartas debemos tener en cuenta:

- Brevedad: no debemos escribir más de un folio.
- Lenguaje: siempre usar un lenguaje formal.
- Destinatario: dirigir la carta a una persona en concreto y no a alguien genérico.
- Ortografía: no podemos cometer ningún error ortográfico.
- Estilo personal: es aconsejable hablar en primera persona.
- Conclusión: síntesis de lo dicho y una despedida cortés.

CANDIDATURA A UN PUESTO ESPECÍFICO

Ana Beatriz Sierra
C/ Guadalupe, 320
28080 – México

México, 28 de agosto de 2008.

REF.: 2008-EB

Estimado/a señor/a:

Me dirijo a usted para expresarle mi interés por la oferta aparecida en su página web, en la que solicitan una Design Web para una importante empresa de servicios editoriales.

Como podrá comprobar en mi currículo, tengo amplia experiencia en el puesto ofertado, además me gustaría continuar desarrollando actividades en esa área, la que conozco ampliamente. Trabajo bien en equipo y tengo aptitud para relacionarme con la gente.

Me gustaría mucho poder ampliar la información que se requiera en una entrevista personal, para lo cual quedo a su completa disposición.

Le saluda atentamente,

Firma.

Con el fin de despertar mayor interés en el encargado de la sección, se pueden enviar cartas más largas, destacando los puntos fuertes del currículo, teóricos o prácticos.

- *Tal y como solicitan, poseo una titulación académica en Ciencias Contables, además de un postgrado en matemáticas exactas, que puede ser muy útil para el puesto que ofrecen.*
- *Tengo una amplia experiencia en los departamentos de Administración y Recursos Humanos, tanto en empresas nacionales como internacionales.*
- *Además de haber hecho algunos cursos de especialización y reciclaje en Marketing y Propaganda, he ocupado puestos de responsabilidad como coordinador de proyectos.*

CARTA DE CANDIDATURA ESPONTÁNEA

Juanita Martínez

C/ Colón, 350
28320 – Panamá

Panamá, 28 de agosto de 2008.

JEFE DE PERSONAL
BANCO UNIÓN

Distinguido Señor:

Finalizado mi curso de Economía por la Universidad Federal de Paraná, busco mi primer empleo con el fin de poner en práctica los conocimientos adquiridos durante mi formación.

Durante seis meses realicé prácticas en una entidad bancaria y conocí aspectos relacionados de la banca y bolsa de valores. Además puedo presentar buenas referencias del trabajo mencionado.

> *Me sería grato tener la oportunidad de entrevistarme con usted en cualquier momento y podría empezar a trabajar de inmediato.*
>
> *Le saluda atentamente,*
>
> *Firma.*

Con esas herramientas ya está listo para enfrentar el mercado de trabajo con éxito. Piense en este dicho popular: *"No hay una segunda oportunidad para una primera impresión"*.

> *Todas las grandes cosas del mundo comienzan en las pequeñas [...].*
> *Una jornada de mil millas comienza con un pedazo de piso debajo del pie.*
>
> Lao-Tsé
> (ca. Siglo VI a.C.)

CAPÍTULO 12

CÓMO ESCRIBIR CARTAS COMERCIALES

Una vez más, la obra del hombre sólo se realiza de acuerdo con la sabiduría práctica y también con la virtud moral; pues la virtud nos hace ver lo que es cierto y la sabiduría práctica nos hace adoptar los medios ciertos.

Aristóteles
(384-322 a.C.)

Saber escribir cartas comerciales hace parte del valor agregado que un ejecutivo puede ofrecer para ser contratado por una empresa, dado que ésta herramienta llega a ser definitiva al momento de ofrecer servicios, contratar, remitir o definir un negocio. Cuando se escribe un mensaje, es fundamental tener muy claro lo que se quiere comunicar al receptor para que éste entienda las intenciones del mensaje.

La carta es una conversación escrita, por eso es importante tener en cuenta este sabio refrán popular: "antes de hablar, piensa una vez; antes de escribir; tres". Se la puede calificar entre los géneros literarios más difíciles y se encuadra dentro del texto epistolar.

Redactar una carta es sencillo si se tienen en cuenta algunos parámetros. Ha de ser clara, breve, concreta, metódica, correcta y cortés.

12.1 EL TEXTO EPISTOLAR

La forma epistolar (epístola, del grego *epistolè*, de *epistolein*, enviar) es un mensaje escrito dirigido a personas ausentes o distantes en el espacio. Se manifiesta normalmente mediante carta. Aquí podemos recordar las Epístolas de San Pablo, que eran nada menos que cartas enviadas a las comunidades cristianas.

Al escribirla tenga en cuenta las siguientes preguntas:
- ¿Qué es lo que se quiere decir?
- ¿Con que intención se escribe: reclamar, solicitar, felicitar, informar...?
- ¿A quién o a quiénes se le escribe y qué relación se tiene con el destinatario?
- ¿En nombre de quién escribimos: a título personal o en representación de alguien?
- ¿Escribimos por necesidad, por obligación, por amistad o por ser usuario de un servicio?

La forma de tratamiento "tú/usted" en una carta depende de la relación con el destinatario, o sea, a quien se le dirige la carta. Generalmente en las cartas empresariales o comerciales se escribe usando "usted", si es para alguien en particular; y "ustedes", si es para la empresa como tal, o a uno de sus departamentos o grupo de personas. El "tú", se usa generalmente para cartas personales y para personas de total confianza.

A través de una carta podemos ver el grado de cultura, personalidad y relación afectiva de los interlocutores. Ella debe estar bien presentada, con buena letra (si se escribe a mano), sin errores de ortografía, escrita con buen tono y estilo, natural, espontánea y cortés.

12.2
CARTA

LAS PARTES DE UNA CARTA

Una carta consta de:
- Membrete de la empresa, con el nombre y dirección del destinatario.
- Lugar y fecha: *Curitiba, 28 de agosto de 2009.*
- Destinatario: *D. Juan de Marcos.*
- Saludo: *Distinguido señor/Estimado señor/Apreciado amigo Apreciado Doctor Rodríguez.*
- Introducción al cuerpo: *Me complace entrar en contacto con usted/Me es grato comunicarme contigo.*
- Cuerpo de la carta (el relato de hechos en forma apelativa).

- Despedida: *Atentamente/Cordial saludo/Recibe mi cordial saludo. Luego va la firma del remitente.*
- Al final: PD (posdata o *post scriptum*), para indicar algún olvido o resaltar o sugerir algún proyecto.

EL MEMBRETE

Es colocado en la parte superior de la carta al lado izquierdo o en el centro de la primera página del documento. Está compuesto por el logotipo o marca de la empresa, dirección completa, código postal, número de teléfono, fax, dirección de correo electrónico de la página *web*, si la hay. A veces, esos mismos datos o las direcciones de las sucursales también son colocados, en la margen inferior, en el pie de página.

LUGAR Y FECHA

Hay muchas maneras de colocar la fecha en un texto. En general, las formas más completas deben ser usadas en los documentos oficiales o legales, mientras que las formas abreviadas quedan mejor en los documentos de tipo comercial o en notas que exigen síntesis o claridad. En los documentos para órganos públicos y en los certificados, la fecha completa aparece en el final, en general con la preposición a después de la coma que separa el local de la fecha y con la preposición de colocada entre el día y el mes y entre el mes y el año.

Buenos Aires, a 15 de septiembre de 2013.

En los demás casos, siempre se coloca la fecha en la parte superior y a la derecha, luego después del membrete, si lo hay.

10 de enero de 2013.

También es posible emplear fechas más sintéticas, en las cuales se separa día, mes y año con una barra, punto o guión. En esos casos, se indica el mes con dos guarismos o de forma abreviada. También se puede abreviar el año si se usan los dos últimos guarismos o cuando se escribe de forma completa.

Santiago, 01/09/2013.

Caracas, 20-sept.-2013.

En cartas para familiares o amigos, es preferible usar la forma escrita de manera completa, pero sin la indicación del local.

27 de octubre de 2013.

EL DESTINATARIO

El nombre del destinatario debe entrar después del membrete. Se debe especificar el nombre de la personal a la cual la carta se dirige y, si es posible, indicar su función. Las formas don/doña (D./Dª) se colocan precedidas de Sr./Sra. y seguidas por el primer nombre.

Atn.: Sra. Dª Alicia Molina.

En los documentos no muy formales o en notas internas, se pude omitir esas formas.

A/A: Julián Marín.

LA DIRECCIÓN

Después del destinatario, debe ir la dirección completa, con comas entre el nombre de la calle, el número de la casa o edificio, el piso y el apartamento. En España la abreviatura usual de calle es *C/*. En otros países de Hispanoamérica, *Cll*. En algunos países de Hispanoamérica, se denomina "carrera" a una avenida que cruza varias calles. Su abreviatura es *Cra*, o *Kr*.

C/ Madrid, 20, 2º, 21.

Avda. Caracas, 134.

Plaza de Bolivar, 3, bajos.

En la línea siguiente se coloca el código postal y la ciudad. Cuando la ciudad de destino no es capital de la región, esta debe ser especificada.

20810 Socorro (Unión).

20450 Cartagena – BOLIVAR.

20901 MONTEVIDEO.

EL SALUDO

Si usted no sabe el nombre del destinatario, use:

Distinguido/apreciado Sr.,

Si sabe el nombre del destinatario y no tiene familiaridad con él, use:

Apreciada Sra. Vargas,

Si hay relación de familiaridad entre compañeros, se puede escribir primero el nombre:

Apreciado Juan,

Para dirigirse a un amigo o un familiar:
>
> *Querido Carlos,*
>
> *Queridos padres,*
>
> *Queridísima Mariana,*

LA DESPEDIDA

Las expresiones de despedida dependen de la fórmula utilizada en el encabezamiento y van seguidas de comas. Después va la firma del remitente. En las cartas formales, se usan las siguientes expresiones:

> *Reciba un cordial saludo,*
>
> *Le saluda atentamente,*
>
> *Cordialmente,*
>
> *Muy atentamente,*

En las cartas informales, se puede despedir así:

> *Afectuosos saludos,*
>
> *Un abrazo,*
>
> *Un fuerte abrazo,*
>
> *Con todo cariño,*
>
> *Un beso muy cariñoso,*
>
> *Besos/Besotes*

EL SOBRE

La dirección del destinatario debe ser escrita siempre del lado derecho del sobre, un poco abajo del centro.

> *Sr. José María Díaz*
>
> *Director General*
>
> *SERVICIOS CONTABLES CONTEX*
>
> *C/ Pamplona, 48*
>
> *48010 BILBAO*

En las cartas particulares, la dirección del remitente puede ir en el doblez del sobre.

> *Sra. María Josefina Pérez Domínguez*
>
> *Avenida 7 de septiembre, 39.*
>
> *03499 LA PAZ – BOLIVIA.*

MODELO DE CARTA FORMAL

CARTA COMERCIAL DE BANCO

BANCO UNIÓN
C/ Alcalá 15, Sucursal 3.
San Juan – Puerto Rico.

30 de agosto de 2013.

Atn.: Sr. D. Antonio Cruz
EDITORA BRUMA S.A.
C/ flores 35, Apto 3.
20240 SAN JUAN

Apreciado Sr. Cruz,
Nos satisface comunicarle que con nuestra tarjeta de crédito no necesita pagar tasa anual y su propuesta ya está aprobada. Basta tener más de 18 años, renta mínima comprobada y no poseer restricciones en los órganos de protección al crédito.
Le sugerimos solicitar su tarjeta de crédito Unión ahora mismo.

Atentamente,

Marcelo Acosta
Director Tarjetas de Crédito

LAS ABREVIATURAS MÁS USUALES

Abreviatura	Significado
Excia.	Excelencia
Excmo.	Excelentísimo
Ilmo.	Ilustrísimo
Sr., Srs.	Señor, Señores
Sra., Sras.	Señora, Señoras
Srta., Srtas.	Señorita, Señoritas
U./Ud., Uds./Vd., Vds.	Usted, ustedes

(continúa)

(conclusión)

Abreviatura	Significado
Atn.	Atención
ej.	Ejemplo
apto.	Apartamento
aptdo.	apartado (de correo) = caixa postal
Atte.	Atentamente
Avda.	Avenida
n./nº/núm.	Número
C/ Cll	Calle
P.D.	Posdata
P.S.	*Post scriptum*
dcha.	Derecha
telf.	Teléfono
izq.	Izquierda
cta. cte.	Cuenta corriente

12.3 CLASES DE CARTAS

La carta ha sido sustituida en gran parte por la internet, pero como todavía continuamos comunicándonos a través de esa forma escrita, Sánchez Lobato clasifica los tipos de cartas en:

Tipos de Carta	Características
Amistosa	Expresión coloquial, estilo espontáneo y tono de confianza.
Circular	Es una variante de carta comercial. El contenido y el formato son los mismos para todos los destinatarios.
Comercial	Estructura fija, fórmulas sintácticas y estilo breve y cortés: negocios y bancos.

(continúa)

(conclusión)

Tipos de Carta	Características
Divulgativa	Sólo tiene cuerpo informativo y se dirige a un público amplio.
Familiar	Expresión coloquial, afectiva y espontánea.
Informativa	Comunicación de acuerdos, iniciativas, propuestas o convocatorias de reunión.
Literaria	Forma de relato donde se reflejan sentimientos, sensaciones y experiencias.
Social	Invitación protocolaria a algún acto social: presentación de libros, fiestas…

Fuente: SÁNCHEZ LOBATO, 2007, p. 400.

Esos tipos de carta surgen en función del propósito de nuestra comunicación, del contenido y de la persona a quien va dirigida.

¿Qué pretenden las cartas comerciales?

- Anunciar ofertas.
- Dar a conocer un nuevo producto o servicio.
- Cursar órdenes de compra, venta, envío, servicios, etc.
- Acusar recibo.
- Difundir informes y circulares.
- Explicar trámites bancarios y administrativos.
- Presentar reclamaciones.
- Establecer relaciones públicas.
- Autorizaciones.
- Solicitaciones.
- Reclamaciones.
- Rectificaciones, etc.

FÓRMULAS PARA INICIAR UNA CARTA

Utilice un lenguaje sencillo, sincero, claro y directo. Evite construcciones rebuscadas, exceso de familiaridad, uso de adulación, construcciones repetidas e insistentes.

- Estimado/a amigo/a,
- Estimado/a Sr./Sra.,
- Le comunico (o le informo)…
- Espero que estés bien.

- Recibe un (cordial) saludo.
- Atentamente le saludo.
- Le respondo a su petición.
- Nos satisface comunicarle.
- Estimamos su propuesta.
- Su petición ha sido aceptada.
- Sobre ese tema...
- Damos curso a su carta.
- Acusamos recibo de su carta.
- Le saludamos atentamente.

MODELO DE CARTA DE INVITACIÓN

Faculdade de Administração
C/ Rua das Pedras, 61 - Curitiba - PR

22 de julio de 2013.

Editores Asociados
Atn.: Señor Jorge van Hover

Apreciado Señor,

Tenemos el agrado de invitarlo como conferencista de la ceremonia de inauguración del V *Encuentro de Informática en Educación a Distancia* (EaD), que será realizado el 23 de octubre, a las 7 de la noche, en el Salón Noble de la Facultad de Tecnología.

El encuentro tiene por objetivo ofrecerles a las personas que trabajan en la profesión de Informática, una visión actual del papel que esta profesión representa en el mundo de las nuevas tecnologías en información y comunicación.

Agradecemos su participación y nos colocamos a disposición para complementar cualquier información.

Atentamente,

Ricardo García
Director de Comunicación

MODELO DE CARTA INFORMATIVA

Instituição Educacional
C/ do Rosário 54 - Curitiba, PR

28 de agosto de 2013.

Atn: Alumnos y profesores de la Facultad Internacional

Estimados alumnos,

Me complace comunicarles que la edición número 35 de la *Revista Electrónica de la Institución Educacional*, que corresponde al segundo semestre del mes de agosto, ya está disponible en la dirección *http://revista.institucioneducacional.com.br*.

Les recomiendo la lectura de esta edición, especialmente la nota dedicada a las Paralimpíadas de Beijing. Son artículos sobre los juegos de los cuales participan atletas con discapacidades (principalmente discapacidades físicas) y otras materias elaboradas por los alumnos del curso de Comunicación Social de la Facultad Internacional.

La revista electrónica publica también las tradicionales secciones de reseñas de películas y libros, cuentos, crónicas y poemas, además de informes culturales y de otros sitios interesantes.

Les invito a conocer la revista y complacerse con una buena lectura.

Atentamente,

Luciana Salañas
Monitora y Editora junior

MODELO DE CARTA LITERARIA

CARTA DE SIGMUND FREUD AL ESCRITOR STEFAN ZWEIG

Viena, 3 de mayo de 1808

Estimado señor:

Muchísimas gracias por su Balzac que leí de un tirón: el torbellino que usted describe lo arrastra a uno. El hombre encaja bien con usted. No sé cómo era su Napoleón, pero de la pulsión de dominio de ambos se ha llevado usted un buen pedazo, sólo que usted la ejerce en el lenguaje (durante la lectura no podía deshacerme de la imagen de un jinete audaz sobre un noble corcel). Es fácil para mí meterme en sus pensamientos como si fueran viejos conocidos míos.

La tragedia Tersites es muy hermosa, en algunos momentos embriagadora, pero ¿por qué llevar a este o aquel personaje tan al extremo? ¿Por qué caricaturizar tanto al héroe que le da título? Es natural que alguien tan realista como yo haga esas preguntas.

Me parece muy bonito por su parte que se moleste en enviarme sus obras y me pregunto si podría tomarme la revancha ofreciéndole algún que otro texto de mi producción (claro que de un valor completamente distinto).

Suyo cordialmente afectísimo,

Sigmund Freud

Fuente: HOJA POR HOJA, 2008.

RECOMENDACIONES PARA REDACTAR UNA CARTA

- La escritura uniforme.
- Los márgenes correctos en todos los lados.
- Revisar y corregir la carta una vez que sea redactada.
- Consultar el diccionario en caso de dudas.

- Cuando es una carta comercial, debe llevar el logotipo o marca, el nombre completo de la empresa o persona que la representa, la dirección completa, la identificación del material ofrecido, los números de teléfono, fax, la dirección electrónica.
- Los datos del destinatario se escriben a la izquierda y los del remitente a la derecha.
- Para que una carta sea eficaz, debe ser original, en un tono personal y conversacional.
- Tanto el papel como el sobre deberán llevar membrete. En ese tipo de misivas se acostumbra adjuntar el franqueo de retorno.

LAS TRES "C"S PARA UNA BUENA REDACCIÓN

- Clara: su lector debe entender exactamente el mensaje.
- Completa: su lector debe recibir toda la información necesaria.
- Concisa: su lector probablemente es una persona ocupada; escribir sólo lo necesario, en forma sucinta y resumida.

Cuando termine de redactar la carta, debe leerla de nuevo para corregirla y revisarla. Es muy importante que todo lo que queremos decir esté bien expresado. Al final, estamos transmitiendo la imagen de nosotros mismos.

12.4 LECTURA

Nancy es una estudiante norteamericana que va a Sevilla para redactar su tesis doctoral. Durante su estancia, le ocurren mil aventuras divertidas y sorprendentes. En una ocasión un ladronzuelo intenta robarle el bolso, pero el novio andaluz logra detenerlo y llevarlo al juzgado. Nancy escribe una carta a su prima Betsy donde le cuenta lo que ha pasado.

LA TESIS DE NANCY

"El pobre hombre fue llevado ante el juez de guardia. Yo tuve que declarar también. Dije exactamente lo que había sucedido. El juez escuchaba más divertido que interesado. Cada vez que el acusado quería negar delante del juez su intención de robarle el bolso, mi novio lo miraba de soslayo y el pobre volvía a tragar saliva y a confesar que había tenido una mala tentación, pero que todo el mundo sabía en Sevilla, desde el barrio de Santa Cruz a Triana, que no acostumbraba a robar el monedero a nadie. El juez, el guardia y el secretario que escribía a máquina se miraban entre sí, y yo creo que había entre ellos evidentes sobrentendidos. Me acordaba otra vez de Cervantes y pensaba que entre el juez y el ladrón había alguna clase de intereses comunes. Entretanto, al criminal un color se le iba y otro se le venía [...] Yo quise retirar la acusación compadecida, pero mi novio me tomó la mano, la apretó con fuerza y me dijo que no. No había que retirar nada.

El juez estaba francamente de parte del criminal y quería ayudarle. Me pedía otra vez el pasaporte, lo ojeaba, decía mi nombre y me preguntaba una y otra vez:

– ¿Retira usted la acusación, señorita, o la mantiene?

Yo, viendo el perfil tormentoso de mi novio, no sabía qué responder, y él lo hizo por mí:

– ¡La mantiene!

– Quien debe responder – dijo el juez, muy serio – es la señorita. Digo si la mantiene o la retira.

Ah, el juez era un psicólogo y ahora me hacía la pregunta invirtiendo los términos a ver si cambiaba de parecer. Porque era evidente que simpatizaba con el criminal. Pero yo miré a mi novio y dije lo mismo que él en la tercera persona:

– ¡La mantiene!

El juez sonrió y advirtió a mi novio:

– Una tentación pasajera no merece tanto rigor, amigo mío.

Lo dijo subrayando la palabra **tentación**. *Mi novio se apresuró a responder, bastante nervioso:*

– Esas tentaciones las podía tener con su abuela.

Y también subrayó la palabra.

– ¿La abuela de quién? – preguntó el juez fuera de sí.

– La de él, la del acusado. Ni que decir tiene.

Porque ésa es otra de las debilidades del idioma castellano, que el pronombre posesivo – ¿o es adverbio, querida? – no tiene carácter genético. **Su**. *Vaya con el* **su**. *Así no se sabía si mi novio se refería a la abuela del juez o a la del criminal.* [...]

La cosa no acabó ahí. El juez dio la razón a mi novio. Es decir, que la tentación del ladrón de robarle el monedero a la abuela les parecía bien a todos. Incluso al guardia. Esta España es desconcertante".

Fuente: SENDER, 1980.

Carta es un monólogo queriendo ser diálogo.

Mario da Silva Brito
(1910)

REFERENCIAS

AEROPUERTO DE MADRID – MAD. Disponible en:<http://www.aeropuertomadrid-barajas.com>. Acesso el: 06 feb. 2008.

AGENCIA DE NOTICIAS EFE. *Currículos multimedia para buscar trabajo en un mercado cada vez más difícil.* 20 ago. 2008. Disponible en: <http://www.soitu.es/soitu/2008/08/19/info/1219140852_575072.html>. Acesso el: 15 oct. 2008.

ANATOMÍA y cuerpo humano. Disponible en: <http://www.chistesbromasytonteras.cl/anatomiaycuerpohumano.htm>. Acesso el: 06 feb. 2013.

AYALA, Francisco. *La cabeza del cordero.* Buenos Aires: Editorial Losada, 1950.

BRASIL redescubrirá a sus vecinos con el español. IV Congreso Internacional de la Lengua Española. Cartagena de Indias, 2007. Disponible en: <http://www.congresodelalengua.gov.co/sala_de_prensa/El_Español_en_Brasil.htm>. Acesso el: 06 feb. 2008.

BUENO, Francisco da Silveira. *Grande dicionário etimológico-prosódico da língua portuguesa.* Santos: Brasília, 1974.

CASTRO, Francisca. *Curso de la gramática española*: elemental. Edelsa: España, 2000.

_____. *Curso de la gramática española*: intermedio. Edelsa: España, 2000.

CENTRO UNIVERSITARIO SANTA ANA. *La alternativa del juego.* Disponible en: <http://www.univsantana.com/sociologia/NASA.pdf>. Acesso el: 05 oct. 2013.

COMBINAR colores. Colores que casan. Combinando los colores de su ropa. Con que pega... Disponible en: <http://www.protocolo.org/social/vestuario/combinar_colores_colores_que_casan_combinando_los_colores_de_su_ropa_con_que_pega_.html>. Acesso el: 06 feb. 2013.

CÓMO utilizo la copa? La forma correcta de beber. Por donde se sostiene. Por donde se bebe. Disponible en: <http://www.protocolo.org/social/celebraciones/como_utilizo_la_copa_la_forma_correcta_de_beber_por_donde_se_sostiene_por_donde_se_bebe.html>. Acesso el: 06 feb. 2013.

COMOLOHARIAS.COM. *Reserva de hotel.* Cómo hacer una reserva de hotel. Disponible en: <http://www.comoloharias.com/vacaciones/article2-15.htm>. Acesso el: 06 oct. 2013.

Dencker, Ada de Freitas Maneti; Bueno, Marielys Siqueira (Org.). *Hospitalidade*: cenários e oportunidades. São Paulo: Pioneira Thomson Learning, 2003.

Diario Uno. *Viajar en avión asusta a dos de cada tres pasajeros*. 28 feb. 2008. Disponible en: <http://www.diariouno.net.ar/contenidos/2008/02/28/noticia_0055.html>. Acesso el: 06 oct. 2013.

Dicas de Viagem. *Documentos para viagens*. Disponible en: <http://www.acteon.com.br/port/dicas/docviagem.htm>. Acesso el: 06 oct. 2013.

El Niño interior y la risa. Disponible en: <http://www.laalegriadevivir.com/articulo2ninorisa.htm>. Acesso el: 06 feb. 2013.

El protocolo, un camino para ampliar los negocios. Disponible en: <http://www.protocolo.org/gest_web/proto_Seccion.pl?arefid=1582&rfID=239>. Acesso el: 06 feb. 2008.

Englishcom. *Redacción de cartas y conversación*. Consejos. Disponible en: <http://www.englishcom.com.mx/aprender-ingles/escribir/cartas-en-ingles/#como>. Acesso el: 06 oct. 2013.

Ergonomía del puesto de trabajo de secretaria. Disponible en: <http://www.aspm.es>. Acesso el: 06 feb. 2008.

Etiqueta para montar la mesa. Disponible en: <http://www.zuzaro.com/etiqueta_para_montar_la_mesa.htm>. Acesso el: 06 feb. 2013.

Europass. Introducción. *Abrir puertas al trabajo y la formación en Europa*. Disponible en: <http://europass.cedefop.europa.eu/europass/preview.action?locale_id=11>. Acesso el: 06 oct. 2008.

Euroresidentes. *La secretaria perfecta*. 19 jul. 2007. Disponible en: <http://www.euroresidentes.com/Blogs/empresa/2007/07/la-secretaria-perfecta.html>. Acesso el: 06 oct. 2008.

Farias, Ernesto. *Dicionário escolar latino-português*. Rio de Janeiro: MEC/Fename, 1975.

Fonnegra, Gabriel. *Gramática simpática*. Bogotá: Carlos Valencia Editores, 1995.

Fuentes de la Corte, Juan Luis. *Ortografía*: reglas y ejercicios. Bogotá: Printer Colombiana, 1988.

_____. *Gramática moderna de la lengua española*. Bogotá: Printer Colombiana, 1996.

Garcia, Maria de los Ángeles J.; Hernández Sanchez, Josephine. *Español sin fronteras*. São Paulo: Scipione, 1996. v. 2.

García Marquez, Gabriel. *Doce cuentos peregrinos*. Nueva York: Vintage Español, 2006.

_____. *El amor en los tiempos del cólera*. Buenos Aires: Editorial Sudamericana, 1985.

Gestiopolis.com. *Antes de presentarte a una entrevista de trabajo préparate bien*. 16 agosto 2007. Disponible en: <http://www.gestiopolis.com/organizacion-talento/tips-para-la-entrevista-de-trabajo.htm>. Acesso el: 06 oct. 2013.

_____. *Reuniones*. Disponible en: <http://www.gestiopolis.com/recursos/documentos/fulldocs/rrhh/reunionesuch.htm>. Acesso el: 06 oct. 2013.

Grande Enciclopédia Delta Larousse. Rio de Janeiro: Delta, 1974. v. 13.

Hernández, S. S. *Adiestramiento sobre prevención y manejo del estrés*. Disponible en: <http://sju.albizu.edu/Correccion/Manejo%20de%20Estres/Taller%20Manejo%20del%20Estr%C3%A9s.ppt>. Acesso el: 06 feb. 2008.

Hoja por hoja. *Cartas literarias*. Disponible en: <http://www.hojaporhoja.com.ar/cartas/cartas1.html>. Acesso el: 06 oct. 2008.

Krishnamurti. *Krishnamurti's journal*. Traducción de Armando Clavier. Barcelona: Edhasa, 1983.

La mejor dieta para el verano. Disponible en: <http://www.cocinayhogar.com/dietasana/dietas/?página=dietasana_dietas_017_017>. Acesso el: 02 feb. 2013.

La risa te sana. Disponible en: <http://www.laalegriadevivir.com>. Acesso el: 06 feb. 2008.

Los días de la semana y su significado. Disponible en: <http://maurapalombo.blogspot.com.br/2007/08/los-colores_02.html>. Acesso el: 06 feb. 2008.

Magnus Viajes y Turismo. *Business Class*: cuando el viaje en avión es un verdadero placer. 19 agosto 2006. Disponible en: <http://www.magnusvyt.com.ar/wp2/?p=418>. Acesso el: 06 oct. 2008.

Martin, Hebert. *Necesidad de conocerse a si mismo*. Disponible en: <http://www.colegiohispanoamericano.edu.mx>. Acesso el: 14 enero 2008.

Mateo, Francisco; Sastre, Antonio J. *El arte de conjugar en español*. París: Editions 5 Continents, 1984. (Collection Bescherelle).

Medir el consumo de papel. Disponible en: <http://www.reciclapapel.org/htm/ahorrar_reciclar/oficinas/medir.asp>. Acesso el: 06 feb. 2008.

Mora, Tania. *Como utilizar correctamente la servilleta*. Disponible en: <http://www.mundogar.com/ideas/ficha.asp?ID=13157>. Acesso el: 06 feb. 2008a.

_____. *Saber estar*: el vestido idóneo para la mesa. Disponible en: <http://www.mundogar.com/ideas/reportaje.asp?ID=13156>. Acesso el: 06 feb. 2008b.

Moreno, Concha. *Curso de perfeccionamiento*: hablar, escribir y pensar en español. Madrid: Gráficas Peñalara, 1997.

Mujeres Holísticas. Dedicada a la mujer del siglo XXI. *Hacer reservas*. Hotel bueno, bonito y barato, se busca. Disponible en: <http://www.mujeresholisticas.com/reservas-hotel.html>. Acesso el: 06 oct. 2008.

Nelson, Bob; Economy, Peter. *Gerencia para Dummies*. Bogotá: Editorial Norma, 1998.

Oliveras, Eliseo. España encabeza el número de muertes en autocar. *La Voz de Asturias*, 29 mar. 2006. Disponible en: <http://www.lavozdeasturias.es/noticias/noticia.asp?pkid=263021>. Acesso el: 06 feb. 2008.

Orejudo, Antonio. *Entrevista concedida a Luis García*. Disponible en: <http://www.literaturas.com/antoniorejudo.htm>. Acesso el: 06 feb. 2013.

Ortega Ojeda, Gonzalo; Rochel, Guy. *Dificultades del español*. Bogotá: Planeta Colombiana Editorial, 1996.

Peri-Rossi, Cristina. *El museo de los esfuerzos inútiles*. Barcelona: Seix Barral, 1984.

Pesquera, Julio G. *Las buenas palabras*. Cali: Editorial Carvajal, 1992.

Preparativos para viajar en coche. Disponible en: <http://www.ideasana.fundacioneroski.es/web/es/08/coche>. Acesso el: 06 feb. 2013.

Protocolo y etiqueta. *Hacer el equipaje*. Viajes de placer o de negocios. Cómo hacer la maleta. Consejos de utilidad. Disponible en: <http://www.protocolo.org/gest_web/proto_Seccion.pl?arefid=1899&rfID=247>. Acesso el: 06 oct. 2013.

_____. *Los cumplidos*. Aceptar un cumplido. Disponible en: <http://www.protocolo.org/gest_web/proto_Seccion.pl?rfID=209&arefid=2841>. Acesso el: 06 oct. 2013.

Qué Copas ponemos en la mesa? La cristalería. Orden de colocación de las copas. Disponible en: <http:www.protocolo.org/gest_web/proto_Seccion.pl?rfID=377&arefid=1446>. Acesso el: 06 feb. 2013.

Real Academia Española. *Diccionario de la lengua española*. 22. ed. Disponible en: <http://www.rae.es>. Acesso el: 13 oct. 2013.

Reglas de un buen comensal. Disponible en: <http://www.zuzaro.com/Etiqueta_Reglas_de_un_buen_comensal.htm>. Acesso el: 06 feb. 2013.

Samper Pizano, Daniel. *Postre de notas*. Bogotá: Plaza & Janés, 1986.

Sanchéz Lobato, Jesús (Coord.). *Saber escribir*. Colombia: Aguilar, 2007.

Sender, Ramón. *Novelas y cuentos*. 17. ed. Madrid: Magisterio Español, 1980.

Soitu.es. Vídeos. *Llega el currículum multimedia*. Disponible en: <http://www.soitu.es/soitu/2008/08/19/infovideos/1219158522_191443.html>. Acesso el: 06 oct. 2013.

Staypoland.com. Incoming travel & reservation systems. *¿Cómo efectuar una reserva?* Disponible en: <http://www.staypoland.com/FAQ.aspx?categoryId=31&qId=67>. Acesso el: 06 oct. 2013.

Terapia del abrazo contribuye a liberar tensiones y angustia. 19 agosto 2008. Disponible en: <http://marioacp.blogspot.com.br/2008/08/los-abrazos.html>. Acesso el: 06 feb. 2008.

Tudo Turismo. Dicas ao turista. *Reconfirmação de vôos*. Disponible em: <http://www.tudoturismo.com.br/txt.asp?canal=3&cod=44>. Acesso el: 06 oct. 2008.

Unión Europea. Decisión n. 2.241/2004/CE del Parlamento Europeo y del Consejo de 15 de diciembre de 2004. *Diario Oficial de la Unión Europea*, Estrasburgo, 31 dic. 2004. Disponible en: <http://eur-lex.europa.eu/lex/LexUriServ/LexUriServ.do?uri=OJ:L:2004:390:0006:0020:ES:PDF>. Acesso el: 15 oct. 2013.

Uso de los cubiertos. Disponible en: <http://cocina.lasalvacion.com/lbm6.htm>. Acesso el: 06 feb. 2013.

Valencia Soto, Florencio. *El verbo*. Bogotá: Printer Colombiana, 1996.

Vargas Llosa, Mario. *El hablador*. Barcelona: Seix Barral, 1987.

Vargas Sierra, Teresa. *Espanhol instrumental*. Curitiba: Ibpex, 2005.

Ventura, Rodríguez. *Etiqueta empresarial*. España: Ediciones Nobel, 1980.

Vestuario femenino. Consejos para vestir. Disponible en: <http://www.protocolo.org/gest_web/proto_Seccion.pl?rfID=205&arefid=37>. Acesso el: 06 feb. 2008.

Vestuario ideal para una mujer de hoy. Ropero básico. Fondo de armario. Disponible en: <http://www.protocolo.org/gest_web/proto_Seccion.pl?rfID=205&arefid=2560>. Acesso el: 06 feb. 2008.

Viajar en tren – Trenes de España – Información práctica. Disponible en: <http://www.deviajes.es/saberviajar/VIAJAR_EN_TREN_1.html>. Acesso el: 06 feb. 2008.

Webmovilgsm.com. *Diccionario SMS*. Disponible en: <http://www.webmovilgsm.com/sms/diccionario5.htm>. Acesso el: 06 oct. 2013.

Wikilearning. *El arte de hacer reuniones*. Preparación de la reunión. Disponible en: <http://www.wikilearning.com/articulo/el_arte_de_hacer_reuniones-preparacion_de_la_reunion/16287-2>. Acesso el: 06 oct. 2008.

CLAVES

CAPÍTULO 1
ACENTUACIÓN (P. 38)

La medición de la cantidad de papel que se consume en una oficina permite obtener información muy útil para promover la adopción de medidas de ahorro de papel, como la cantidad y tipos de papel consumidos en cada departamento, su costo y donde es más fácil o prioritario intervenir. Medir la cantidad de papel que se utiliza en una oficina permite, por tanto, conocer que mejoras se pueden realizar, explicar estas mejoras al resto de miembros de la entidad y comprobar si se están consiguiendo los objetivos de ahorro y reciclaje de papel que nos marquemos.

LOS NÚMEROS CARDINALES (P. 43)

a) Cristóbal Colón descubrió América el doce de octubre de mil cuatrocientos noventa y dos.
b) La primera bomba atómica se lanzó sobre Hiroshima el seis de agosto de mil novecientos cuarenta y cinco.
c) El presidente Kennedy de los EEUU murió en mil novecientos sesenta y tres.
d) La casa del presidente de la compañía cuesta cincuenta y ocho millones, trescientos cincuenta mil dólares.
e) Señorita, envíe un giro a la Compañía en New York por cuatrocientos ochenta y cinco mil trescientos dólares y cincuenta centavos.
f) Doctor, necesito para pagar los impuestos que gire un cheque por un millón trescientos veinticinco mil seiscientos diecisiete pesos y sesenta y cinco centavos.

CAPÍTULO 2
EL ESTRÉS (P. 53)

es – está – llega – grita – insulta – desee – golpea – decide – aplican – consume – mantiene – comienzan – mantiene – conversan – son – son – es – logra – aportan

LOS DÍAS DE LA SEMANA (P. 55)

a) tienen b) viene c) tiene – significa d) escriben e) es

SOPA DE LETRAS (P. 56)

Sábado – Noviembre

LOS PRONOMBRES REFLEXIVOS (P. 60)
a) se b) les c) le d) se e) me f) nos g) me h) te i) os j) se

PRONOMBRES Y ADJETIVOS POSESIVOS (P. 62)
a) mía b) mis c) tuyo d) tuyos e) su f) suyos g) nuestro h) nuestros i) vuestros j) vuestras k) suyo l) sus

CAPÍTULO 3
PRETÉRITO INDEFINIDO (P. 77)
dormí – leí – entregué – pedí – casé – quise – vi – falté – escondí

PRETÉRITO IMPERFECTO (P. 79)
Volábamos – estaba – habíamos – aproximábamos – estaban – parecían – constituían – debía – dormían – roncaban – estaban

PRETÉRITOS PLUSCUAMPERFECTO (P. 81)
6. cumplió – dio – subiría – fue – logró – desmoralizó – perdió – era/fue – atravesaba/atravesó – sufría/sufrió – había previsto – pasó – desempeño – tenía/tiene – era – demostró – repitió/había repetido – había/hay – era/fue – contó/había contado – solía – dio/daba

LOS NÚMEROS ORDINALES (P. 85)
7. a) primer/un diente de ajo b) quinto/100 gramas de pepino sin piel c) tercer/5 tomates sin piel d) noveno/200 mililitros de agua

8. a) quinto b) tercera c) primer d) octavo e) séptima f) noveno g) tercer h) décimo quinto i) vigésima j) centésima

CAPÍTULO 4
MEDIOS DE TRANSPORTE (P. 94)
2. a) camión b) tren c) avión d) taxi e) coche f) autobús

¿VIAJARÁ A MADRID? (P. 96)
tendré – tendré – haré – conjugaré – conversaré – procuraré – estudiaré – vendré – hablaré – sabré – esperaré

EL AEROPUERTO DE MADRID BARAJAS (P. 98)
organizaré – iré – será – saldremos – iremos – tomaremos – aterrizaremos – cogeremos – visitaremos – alquilaremos – iremos – visitaremos – compraremos – probaremos – beberemos – gustará – cogeremos – volveremos – estaré

EL CONDICIONAL (P. 100)
a) deberíamos b) podrías c) aportaría d) Podría e) iría

USO DEL MUY/MUCHO-A-OS-AS (P. 103)
a) mucho b) muy c) muchos d) mucha e) mucho f) muy

BUENO, A/BUEN/BIEN (P. 104)
7. a) buen b) bien c) bueno d) buen e) bueno f) bueno

MUCHO-A-OS-AS/MUY/ BUENO-A/BIEN (P. 104)
8. muy – muy – muy – mucha – muy – muy – muy – muy – muy – muchos – muchos – mucha – muy – bueno – muy – bien/muy – muchas/buenas – buen – muy

ADJETIVOS/PRONOMBRES INDEFINIDOS (P. 106)

a) No ha venido ninguna(o) b) Sí, mucho c) No toma nada d) No hay nadie e) Ninguna f) Sí, hay alguien g) No he cogido ninguno h) No tiene ninguna i) Sí, hay algunas j) No hago nada k) No oigo nada l) No tengo ninguno

EL COCHE (P. 110)

a) repuesto b) limpiaparabrisas c) baca d) gato e) chocar.

CAPÍTULO 5

TIPOS DE VESTUARIO (P. 120-121)

cuentes – puedan – uses – uses – puedan – vistas – use – utilices – utilices – utilices

USOS DEL SUBJUNTIVO (P. 122)

a) tenga b) pueda c) esté d) sea e) atrase f) vaya

PRETÉRITO IMPERFECTO DE SUBJUNTIVO (P. 125)

a) tuviera o tuviese b) anduviera o anduviese c) fuera o fuese d) supiera o supiese e) pusiera o pusiese

LAS PREPOSICIONES (P. 129)

a – de – por – para – de – de – a – en – para – para – en – para – en – en – de – de – en

HETEROSEMÁNTICOS (P. 132)

oficina – débil – cuello – cepillo – escoba – basura – copa – vaso – taza – flaca – exquisita – sitio – finca – raro – jarrón – conejo

CAPÍTULO 6

IMPERATIVO – VERBOS IRREGULARES (P. 140)

Salid – Haced – Decid – Avisad – Traed – Pedid – Terminad – Enviad

IMPERATIVO (P. 141)

extiende/extienda – flexiona/flexione – flexiona/flexione – procura/procure – cambia/cambie – Siéntate/Siéntese – enlaza/enlace – mantén/mantenga – empuja/empuje – mantén/mantenga – inclínate/inclínese – agárrate/agárrese – permanece/permanezca – tira/tire – emplea/emplee

IMPERATIVOS USUALES (P. 143)

a) ¡Y dale con lo mismo! b) ¡No me diga! c) ¡Venga! d) ¡Vaya, vaya! e) ¡Anda!

LOS GERUNDIOS (P. 144)

a) durmiendo b) oyendo c) pidiendo d) cayendo e) pudiendo f) huyendo g) muriendo h) sirviendo

LA APÓCOPE (P. 148)

a) algún b) gran c) ninguna d) buen e) tercera f) mal g) primera h) cualquier i) un j) tercer

ALGUNAS EXPRESIONES QUE ORGANIZAN LA CONVERSACIÓN (P. 152)

perdona – vale – oiga – mire – verdad – pues

LOS HETEROGENÉRICOS (P. 154)

a) la leche b) el color c) la costumbre d) el árbol e) la sal f) el viaje g) la nariz h) el desorden i) el equipo j) la legumbre

CAPÍTULO 7
ELEMENTOS QUE CONFORMAN LA OFICINA (P. 164-165)

1. a) escribe – computadora b) recibe c) espera – sala de reuniones d) presenta – secretaria e) sillas – son f) firma – pluma estilográfica g) usa – sacapuntas h) agenda – puedo i) archiva – carpetas j) maletín – lleva

2. 1-E-b, 2-D-c, 3-A-f, 4-B-d, 5-F-a, 6-C-e

LOS ARTÍCULOS (P. 169)

el – los – el – la – un – un – una – la – la – la – la – la – un – un – una – una – el – el – la – una – el – la – los

CONTESTAR AL TELÉFONO (P. 174)

Buenos días, – Un momento, por favor – En este momento está hablando por la otra línea ¿espera un momento o prefiere llamarlo más tarde? – Lo siento, pero no lo sé – ¿Quiere dejarle algún mensaje? – Sí señora, por supuesto – A usted

CAPÍTULO 8
EN EL AVIÓN (P. 191)

Azafata: Buenos días, ¿desea leer el periódico?
Pasajero: Sí, gracias.
Azafata: ¿Cuál prefiere?
Pasajero: Uno en español.
Azafata: ¿Desea beber algún jugo?
Pasajero: ¿Qué jugos tienen?
Azafata: Tenemos de naranja, sandía, durazno y manzana.
Pasajero: Prefiero de manzana.
Azafata: Si desea ver la película, aquí están los auriculares.
Pasajero: Está bien, gracias.
Azafata: Si desea algo más, estoy a sus órdenes.
Pasajero: ¿A qué horas sirven la comida?
Azafata: A las dos de la tarde.
Pasajero: Muchísimas gracias. Es usted muy amable.

CAPÍTULO 10
ORGANIZACIÓN DE REUNIONES (P. 221)

1. a) Más o menos el 53%.
2. V – F – F – V – V

EJERCICIO NASA (P. 232)

15. Caja de fósforos: no hay oxígeno en la luna, no enciende.
04. Comestible concentrado: necesario para sobrevivir.
06. Veinte metros de soga de nylon: útil para salvar accidentes del terreno.
08. Seda de paracaídas: sirve para parasol, hamaca y para envolver.
13. Unidad portátil para calentar: no sirve en la luna.
11. Dos pistolas calibre 45: se pueden usar para retropropulsión.
12. Una caja de leche en polvo: no tan necesaria después del comestible.
01. Dos tanques de oxígeno de 50 kilos cada uno por tripulante: imprescindible.
03. Un mapa estelar (de la constelación de la luna): necesario para orientarse.
09. Un bote salvavidas: tela y cuerda utilizables; también su gas carbónico.
14. Una brújula magnética: no hay polos magnéticos en la luna.
02. Veinticinco litros de agua: indispensable para sobrevivir.
10. Luces de bengala: encienden. Se usan para señalar la posición al acercase a la nave nodriza.
07. Botiquín de primeros auxilios (con aguja de inyección hipodérmica): necesario para casos de accidente.

05. Un receptor-transmisor FM accionado por luz solar: es direccional; se puede comunicar con la tierra.

CAPÍTULO 11
CÓMO PRESENTARSE A UN EMPLEO (P. 240)

1. b) Su inteligencia práctica y deseo de permanecer en la empresa.

2. Responda sí o no:

	Sí	No
a) En la mitad de la entrevista preguntar por el sueldo		X
b) Fumar durante la entrevista		X
c) Preparar con anticipación las informaciones	X	
d) Tratar al entrevistador de Tú		X
e) Conocer la empresa antes de la entrevista	X	

NOTA SOBRE LA AUTORA
TERESA VARGAS SIERRA

Colombiana, naturalizada brasileña. Con Maestría en Educación, por la Pontifícia Universidade Católica do Paraná; especialización en Psicopedagogía con complementación en Enseñanza Superior, por el Instituto Brasileiro de Pós-graduação e Extensão (Ibpex); Educación Tecnológica Superior, por Centro Uninversitário Uninter; Metodologías Innovadoras Aplicadas a la Educación en la Modalidad a Distancia e Formación de Docentes y Orientadores Académicos en EaD, por misma instituición. Graduada en Comunicación Social con énfasis en Periodismo, por la Pontificia Universidad Católica Javeriana de Bogotá, Colombia, y en Letras Portugués/Español por la Unar, Araras, São Paulo.

Trabajó en la Embajada de Colombia en Brasília, Asesora de Comunicación Social del Serviço Nacional de Aprendizagem Rural (Senar), Consultora en el área de Educación para la Salud del Programa de las Naciones Unidas para o Projeto Nordeste del Ministério da Saúde do Brasil. Profesora de Español para ejecutivos en empresas particulares y en los cursos presenciales y los de modalidad a Distancia del Centro Universitário Uninter. Profesora en la Universidade Positivo (UP) en las modalidades presencial y a distancia, y en el Instituto Federal do Paraná Projeto e-Tec Brasil, en la modalidad a distancia. Actualmente trabaja en la Federação das Indústrias do Estado do Paraná Paraná – FIEP en el Núcleo de Educación a Distância y en la Faculdade de Educação Superior do Paraná – FESP, como profesora de Español en el curso de Comercio Exterior.

Autora de los libros "Espanhol Instrumental", "Espanhol, a Prática Profissional do Idioma" por la Editora InterSaberes, y "Espanhol para Eventos" por el Instituto Federal do Paraná (IFPR).

Contacto: terevargass@yahoo.com.br

Os papéis utilizados neste livro, certificados por instituições ambientais competentes, são recicláveis, provenientes de fontes renováveis e, portanto, um meio **respons**ável e natural de informação e conhecimento.

Impressão: Reproset
Fevereiro/2023